《资治通鉴》精编

第四册

[宋]司马光 著 谢 普◎主编

魏徵直言劝谏

唐太宗是中国历史上以善于纳谏著称的皇帝，他与魏徵一个善于纳谏，一个善于劝谏，成为中国历史上的一段佳话。

唐高祖在位的时候，魏徵担任太子洗马，经常劝说太子李建成趁早除去秦王李世民。等到李建成事败被杀，李世民召见魏徵说："你为什么离间我们兄弟呢?"大家都为他担心，魏徵却从容地回答说："如果太子早听我的话，一定不会有今天的下场。"

李世民一向看重魏徵的才能，虽然魏徵曾侍奉太子李建成，但李世民仍对他以礼相待，让他担任詹事主簿，后来又任命为谏议大夫。李世民即位以后，励精图治，多次让魏徵进入卧室内，询问政治得失。魏徵知无不言，太宗均高兴地采纳。不久，太宗又任命魏徵为右丞。

魏徵貌不惊人，但很有胆识谋略，常常冒犯龙颜坚持劝谏。太宗曾得到一只很好的鹞鹰，把它放在手臂上赏玩，远远地看见魏徵过来，就把它藏在怀里。魏徵向太宗奏事，说个没完，鹞鹰最后竟闷死在了太宗怀里。有一天，魏徵入宫觐见，对太宗说："我有幸侍奉陛下，希望陛下让我做良臣，不要让我做忠臣。"太宗问："忠臣、良臣有什么区别?"魏徵回答说："稷、契、皋陶，君臣齐心协力，共享尊贵荣耀，

这是所谓良臣。关龙逄、比干，朝上当面诤谏，身死国亡，这就是所谓的忠臣。”

在太宗君臣的共同努力下，到贞观四年，初唐便出现了繁荣景象。这之后，又连年丰收，所以天下太平，盗贼不作。早在公元623年，许多大臣就上书请求李世民封禅。封禅是古代帝王祭告天地的庆功大典，祭祀地点在泰山山顶。李世民也认为开国有功，事业有成，便接受了大臣们的意见，同意赴泰山封禅。此时，魏徵却力排众议，认为不可。太宗说：“你不想让朕去封禅，是认为朕的功劳不够高吗？”魏徵回答说：“够高了！”问：“德行不够厚吗？”答：“够厚了！”问：“大唐还没安定吗？”答：“安定了！”问：“四方的夷族还没归服吗？”答：“归服了！”问：“年成还不丰吗？”答：“够丰了！”问：“符瑞没有出现吗？”答：“出现了！”问：“那为什么不可以封禅？”答：“陛下虽然拥有这六个条件，但自从隋朝灭亡，天下大乱之后，人口没有恢复，粮仓还很空虚，而陛下的车驾东巡，随从如云，路上的供给耗费不是那么容易承担的。而且陛下封禅，那么各国君主都要聚集，远方夷族首领，都要成为随从。现在从伊水、洛水东到大海、泰山，人烟稀少，满眼都是草莽，这是引戎狄进入我们的腹地，向他们展示我们的虚弱。何况即便赏赐无数，也不能满足这些人的欲望。封禅一次，就算免除几年徭役，也不能补偿老百姓的劳苦，崇尚虚名而损害实际，陛下

怎么能这样做呢?”太宗点头称是。又恰逢黄河南北几个州县正发大水，封禅之事就被搁置下来。

公元643年初，魏徵卧病不起，太宗派遣使者去问候，赐给他药饵，后来又派中郎将李安俨住在魏徵家里，一有动静立刻报告。不久，魏徵去世，太宗命九品以上文武百官都去奔丧，赐给仪仗和鼓吹，陪葬在昭陵。魏徵的妻子说:“魏徵一向生活简朴，现在用一品官的礼仪安葬他，不是死者的愿望。”遂全部推辞不接受，只用布罩在车上，载着棺材安葬。太宗登上禁苑西楼，瞻望哭泣，十分悲哀，亲自撰写碑文，并且亲自写到碑石上。

魏徵去世后，太宗非常怀念他。他常对身边的大臣说:“一个人用铜做镜子，可以照见衣帽是不是穿戴得端正;用历史做镜子，可以看到国家兴亡的原因;用人做镜子，可以发现自己做得对不对。魏徵一死，我就少了一面好镜子。”唐太宗把魏徵看作了解自己得失的一面镜子，这既是对他们君臣关系的生动概括，也是对魏徵的公正评价。

密告酷刑苦臣民

武则天主持朝政后，深知自己长期专权，在宫内行为不端，宗室大臣们心存怨恨，便想以大肆诛杀来威慑他们，于是大开告密的渠道。

公元686年，太后武则天下令铸造铜匦。铜匦分四格，

东边的叫“延恩”，进献赋颂、请求做官的，可以把表疏投进去；南边的叫“招谏”，议论朝政得失的可以投进去；西边的叫“申冤”，有冤枉委屈的可以投进去；北边的叫“通玄”，议论天象灾变和军机秘计的可以投进去。每格上面各有一孔，表疏从孔里投进去，只能进，不能出。有告密的人，官吏不得询问，都给他们提供驿马，供应五品官标准的饮食，使他们能去武则天所在的地方。即使是农夫或者打柴的人，都能得到召见，并由客馆供给食宿。所说的如果符合旨意，就能被破格授予官职，与事实不符的，也不问罪。于是，四方告密的人蜂拥而起，人们小心翼翼，唯恐哪儿做得不对，被人抓住把柄。

有一个叫索元礼的胡人，通过告密，获得武则天召见，被提升为游击将军，负责审查监狱里的案件。索元礼性情残忍，审讯一个人，一定会牵连出几十人甚至上百人。武则天多次召见，听信其一面之词，多次予以赏赐。尚书都事周兴、来俊臣之流见此，纷纷效仿。周兴接连升官，做到秋官侍郎，来俊臣升迁到御史中丞。他们勾结在一起，私下蓄养无赖几百人，专门告密。想诬陷一个人，就让他们几人同时告发，内容都一样。武则天接到告密，就派索元礼等人审讯。他们争相发明刑讯用的残酷办法。有用椽子串联人的手脚，再朝一个方向旋转，叫作“凤凰晒翅”；有用东西固定人的腰部，将脖子上的枷向前拉，叫作“驴驹拔橛”；或

让人跪在地上捧枷，在枷上垒瓦，叫作“仙人献果”；或让人立在高木台上，从后面拉住脖子上的枷，叫“玉女登梯”；或将人倒吊，在脑袋上挂石头；或用醋灌鼻孔；或用铁圈套住脑袋，在脑袋与铁圈之间钉楔子，直到脑袋裂开，脑浆迸流。每次有囚犯来，就先陈列刑具让他们看。囚犯们看了，都两腿发抖，冷汗直冒，即使是清白的人，也马上就认罪了。每次有赦令来，来俊臣总是命令狱卒先杀死重犯，然后宣布赦令。而武则天却认为他们忠心耿耿，更加宠信他们。上至文武百官，下至黎民百姓，对他们无不畏惧。

公元691年，当时武则天已经称帝，有人告发周兴谋反，武则天派来俊臣审讯他。来俊臣对周兴说：“囚犯多数不肯认罪，应当用什么办法呢？”周兴说：“这太容易了！拿一口大瓮，用炭火在四周烤，逼囚犯进去，还有什么事情不肯承认？”于是，来俊臣要了一口大瓮，按周兴说的办法，在四周堆上火烤，然后站起来对周兴说：“有宫里的文书，要审问老兄，请君入瓮！”周兴惶恐万分，马上叩头认罪。公元697年夏，来俊臣诬告监察御史李昭德。而此时，来俊臣因为得罪武氏诸王和太平公主，被关进监狱，判处死刑。于是，李昭德、来俊臣一起被斩首。当时的人都痛惜李昭德，而对处死来俊臣却是拍手称快。不论士人还是百姓在路上相见时，都互相庆贺，说：“从今以后，睡觉可以安心，背脊可以贴在席子上了。”

人们在评价武则天时，往往都要涉及酷吏的问题，有些学者甚至把酷吏问题作为武则天“残忍”的依据，从而得出武周时期社会“黑暗”的结论。其实，武则天并非始终任用酷吏，酷吏不过是武则天打击政敌、巩固统治的工具。她重用酷吏，奖励告密，使不少酷吏横行一时，虽然对武周政权的巩固起过一些作用，但同时也使统治集团内部矛盾激化，人人自危，严重影响到国家的治理和生产的发展。

王叔文结党弄权

唐德宗时，王叔文是皇太子的老师，常常和皇太子李诵讨论国家大事，深得皇太子的赏识和信任。公元 805 年，德宗去世，李诵即位，是为唐顺宗。顺宗任命王叔文为翰林学士，参与朝政的决策。

当初，翰林待诏王伾擅长书法，山阴人王叔文擅长下棋，他们都在东宫出入，侍奉太子，陪太子娱乐。王叔文狡猾诡谲，多计谋，说自己读过很多书，懂得治国之道，经常找机会跟太子述说百姓的疾苦，赢得太子的宠信。王叔文趁机对太子进言，说谁可以担任宰相，谁可以担任将领，希望太子将来任用他们。王叔文暗中结交翰林学士韦执谊等人，定为生死之交，每天都与他们交游相处，行踪十分诡秘。有些藩镇也暗中进献财礼，与他们相互勾结。

公元 805 年，德宗驾崩，太子继位，是为顺宗。顺宗任命吏部郎中韦执谊为尚书左丞、同平章事，王伾为左散骑常侍，王叔文为起居舍人、翰林学士。王伾相貌丑陋，操一口吴地方言，被顺宗亲近宠信。而王叔文颇以能办大事自许，略懂一些文章义理，喜欢谈论事务，顺宗因此对他稍显敬畏，他也像王伾那样，能在内宫里自由出入。

唐顺宗每当遇到事情，首先下达翰林院，让王叔文决断，然后向中书省宣布，由韦执谊执行。他们谋划商议，相互应和，日夜不休。荣耀耻辱、升官贬职，往往轻易就决定下来，只要他们想做的，就不受任何规矩约束。士大夫们都很畏惧他们。平时与他们有交往的人，接连被提拔升官，甚至一天之中就封拜了好几个人。他们的党羽中有人说"某人可以担任某官"，过不了一两天，那个人就会得到所说的官职。因此，王叔文与其党羽的门前昼夜车马往来，门庭若市。等候谒见王伾、王叔文的宾客，甚至想在他们所住街坊的饼铺酒店住宿，每个人要交一千钱，才能留下来过夜。王伾尤其贪婪，专门以收受贿赂为能事，他让人制作了一个大柜子，用来收藏金钱丝帛，夫妇二人就在大柜子上睡觉。

顺宗久病不愈，群臣希望及早册立太子。而王叔文一党想要独揽大权，因而对此事非常忌讳，但终究也无力阻止。四月初六，顺宗驾临宣政殿，册封太子。官员们看到太子的仪表，退朝以后，都互相庆贺，朝廷内外都十分高兴。只有王叔文神色忧虑，又不敢说什么，吟诵着"出师未捷身先

死，长使英雄泪满襟”，听到的人都嘲笑他。后来，王叔文与韦执谊之间出现矛盾，结下了仇怨。六月，王叔文因为母亲去世而暂时离任，韦执谊更加不愿意采纳他的意见。王叔文非常生气，与他的同党日夜谋划，要重新掌权，且一定要先把韦执谊抓起来杀了，再除去不肯附和自己的人。听到的人都很害怕。二十二，顺宗任命陈谏为河中少尹，王伾、王叔文的党羽开始从朝中被排斥出去。八月初四，顺宗颁布制书，称：“命令太子即帝位，朕称太上皇。”初六，贬王伾为开州司马，贬王叔文为渝州司户。不久，王伾病死。第二年，宪宗赐王叔文自杀。

刘季述政变废昭宗

刘季述是唐昭宗时的宦官，公元900年冬，他联合右军中尉王仲先、枢密使王彦范、薛齐偓等人挟宰相召百官署状同意，以“废昏立明”为由，发动宫廷政变。他们将昭宗及皇后软禁，迎皇太子监国，拥立李裕继位，以昭宗为太上皇。公元901年，孙德昭发兵打败了刘季述，诛其党二十余人，昭宗重新复位，诏令太子重回东宫。

公元900年，左军中尉刘季述、右军中尉王仲先、枢密使王彦范、薛齐偓等人一起暗中谋划，想要废黜昭宗，另立太子李裕为帝。

这年冬，昭宗在禁苑打猎，设宴饮酒，直到半夜，才酩酊大醉地回到宫里，又杀了几个宦官和侍女。第二天，快到中午时宫门还没有打开。刘季述到中书省告诉宰相崔胤说："宫中一定有变故，我是内臣，能够根据情况自行处理，请求进宫查看。"于是，刘季述率领禁军一千人破门而入，经过讯问审查，了解了具体情况。刘季述出来，对崔胤说："主上如此行为，怎么能管理国家？废黜昏君，拥立明主，自古就有这样的先例。这是为了国家大计，并不是叛逆。"崔胤害怕被杀，不敢违抗。初六日，刘季述召集文武百官，在殿前陈列军队，草拟了崔胤等人请求太子代理朝政的联名状，拿给文武官员看，让他们签名。崔胤与文武百官不得已而从之。

昭宗在乞巧楼，刘季述、王仲先在门外埋伏了一千甲兵，与几位大臣进去请求奏事。刘季述、王仲先刚刚登上大殿，将士们就冲到殿内，遇到宫人就杀。昭宗看见有士兵进来，吓得掉到御床下，爬起来想要逃走。刘季述、王仲先架着他，让他坐下。宫人跑去禀报皇后，何皇后赶来对刘季述等人行礼，请求说："军容使不要惊吓皇上，有事尽管请军容使商量。"刘季述等人就拿出文武百官的联名状，禀告昭宗，说："陛下厌倦帝位，文武百官都希望太子代理国政，请陛下在东宫颐养天年。"昭宗说："昨天与大家游乐饮酒，不觉喝多了点，何至于这样呢？"刘季述等人回答说："联名状不是我们写的，是朝廷百官的心意，难以遏止。请陛下

暂且移驾东宫，等到事情稍稍安定，再迎接陛下回归大内。”何皇后说：“皇上赶快答应军容使！”随即取出传国玺印交给刘季述。宦官扶着昭宗与何皇后同乘一辆车，与嫔妃侍从十几人前往少阳院。

刘季述亲手锁上少阳院的门，熔化铁水将锁封死，并派遣左军副使李师虔率领士兵包围少阳院，昭宗有什么动静都要向刘季述报告。他们还在墙上凿出孔洞，递送饮食，兵器针刀等其他物品都不准递送进去。当时天气十分寒冷，嫔妃公主没有衣服、棉被，号哭的声音外面都能听到。刘季述等人假传昭宗的诏令，命令太子代理国事，迎接太子入宫。初七日，刘季述等人又假传昭宗诏令，让太子继承皇位，改名为李缜，以昭宗为太上皇，何皇后为太上皇后。初十日，太子即皇帝位，把少阳院改名为问安宫。

这次政变维持的时间很短。到次年正月初一，对政变不满的左神策指挥使孙德昭受崔胤鼓动，在宫中发动事变，诛杀王仲先，救出昭宗，又与崔胤等一起诛杀了刘季述及其党羽。昭宗复位，将太子废黜为德王，并恢复本名李裕，任孙德昭为宰相。

宦官专权，是封建专制主义恶性发展的必然结果。唐朝宦官擅权从玄宗时的高力士开始，但那时还只是假借皇帝权势作威作福，并不掌握军权。宦官掌握军权是从肃宗时李辅国开始，到德宗时宦官掌握禁军成为定制。宦官有了军权，地位愈加巩固，就统揽一切大权，朝廷的赏罚，宰相的任免，甚至皇帝的废立生杀，都由他们决定。唐朝后期，朝廷已成为宦官集团控制军政大权的工具，皇帝仅是宦官手中的傀儡。这样，唐后期就出现了宦官专权的局面。

张氏兄弟恃宠乱内廷

张氏兄弟即张易之和张昌宗，都是中山安国即现在的河北安国人，祖上曾在贞观末年做过宰相，也是名门出身。张昌宗是太平公主推荐给武则天的，张昌宗又引荐其兄张易之，武则天一见甚悦，于是二人同入宫中侍奉武氏。此二人先被任为中郎将和少卿，后屡屡加官，因武氏年事已高，政事多委易之兄弟。二人权倾朝中，连武则天的侄儿武承嗣、武三思等人都争着为二人执鞭牵马。

公元700年，朝廷改控鹤监为奉宸府，任张易之为奉宸令。武则天每次在内宫宴饮，都招来武姓亲贵和张氏兄弟，一起饮酒作乐。武则天让张昌宗穿着羽毛做的衣服，吹着笙，在内宫庭院里乘坐木鹤，文士们都作诗赞美他。

张易之、张昌宗豪华奢侈，相互攀比，他们的弟弟张昌仪任洛阳县令，贿赂他们办事情，没有不答应的。一次早上入朝，有一名姓薛的候补官员拦住张昌仪的马行贿，将五十两

金子连同简历一起给他，张昌仪都收下了。到朝廷上，他把简历交给天官侍郎张锡。过了几天，张锡把简历弄丢了，就去问张昌仪，张昌仪骂他说："没用的东西！我也记不得了，只要是姓薛的就授给他官职。"张锡找出姓薛的候选官员六十多人，全都留下授予官职。当初，魏元忠担任洛州长史的职务，洛阳令张昌仪倚仗着几个兄长的权势，每次到州府办事，都径直走入长史厅。魏元忠到任以后，叱令他退下去。张易之的家奴在城中街市上横行滋事，魏元忠把他们用杖刑处死。在魏元忠入朝担任宰相以后，武则天召见张易之的弟弟岐州刺史张昌期，打算让他担任雍州长史。朝廷议事时，武则天向诸位宰相问道："张昌期任雍州长史怎么样？"众宰相纷纷回答道："陛下可算是真正找到合适的人选了。"唯独魏元忠据理力争，认为张昌期不能胜任这个职务。武则天默不作声，便不再谈及此事了。魏元忠还曾当面向武则天奏道："从先帝在位之时直到现在，臣蒙受朝廷厚恩，现在朝廷缺乏人才，臣得以充数列宰相之位，不能竭忠效死，致使奸邪小人在您左右弄权，这是我的罪过呀！"武则天听了很不高兴，张易之兄弟也因此对魏元忠记恨在心。时值武则天染病，张昌宗担心武则天去世后魏元忠会对他下手，就在武则天面前诬陷魏元忠。公元 703 年，武则天把魏元忠贬为高要县尉。

公元 704 年，武则天任命神都副留守杨再思为内史（相当于宰相）。杨再思专以阿谀奉承取悦于人。当时有人称赞张昌宗“面如莲花”，只有杨再思说：“不对。”张昌宗问他为什么，杨再思回答：“应该说莲花长得像六郎才对。”张昌宗兄弟作威作福，贪赃枉法，群臣纷纷上奏，有人认为张昌宗依法应该免官，张昌宗上奏说：“我有功于国家，所犯的罪过，应该还不至于免官。”武则天向几个宰相询问，说：“张昌宗对国家有功吗？”杨再思说：“张昌宗调配神丹，陛下服下之后，确实有效，没有比这更大的功劳了。”武则天听了很高兴，就赦免张昌宗，恢复了他的官职。当时的左补阙专门写了《两脚狐赋》，来讽刺杨再思。公元 704 年末，武则天病倒在床上，几个月也不召见宰相，只有张氏兄弟二人侍奉左右，主持朝政大事，这使大臣们六神无主。宰相张柬之经过周密部署，于公元 705 年初发动了兵变，把张氏兄弟杀死，迫使病中的武则天让位，由中宗复位，重建唐朝。

李唐王朝二百九十年的历史，有近半个世纪是由武则天这位女性皇帝做主角。她一生的功过，被一代又一代人评说，褒贬参半。可能对她贬斥最多的是，她曾拥有几个男宠，这便成为她千古难辩的丑闻，成为文人墨客颠来倒去议论的话题，以至于连同她创造的卓著政绩也随之淹没了。

统率全局之法

在惊心动魄的政治斗争中，任何不求进取、因循守旧、优柔寡断、模棱两可的人，都会错失良机；任何心中无数、粗枝大叶、考虑欠周、仓促决断的人，都会招致惨重损失。可以说，举手投足之间，决定荣辱成败，关系身家性命。因此，胸怀全局，目光远大，能够从全局上、长远上思考问题，善于处理大的关系，能够在变动中把握局势发展的大方向，争取战略上的主动和优势，就能从弱到强，做成一番轰轰烈烈的事业。

赵武灵王胡服骑射

赵武灵王"胡服骑射"是我国古代军事史上的一次大变革，被历代史学家传为佳话。特别是赵武灵王以敢为天下先的进取精神，在中原王朝把少数民族看作"异类"的政治背景下，在一片"攘夷"的声浪中，力排众议，冲破守旧势力的阻挠，坚决实行向夷狄学习的国策，体现了作为古代社会改革家的魄力和胆识。

公元前 307 年，赵武灵王向北进攻中山国，大军到达代地后，继续向北进军到无穷，向西到达黄河，登上了黄华山。赵武灵王与大臣肥义谋划，准备让百姓改穿胡人服装，训练骑马射箭的本领。肥义极为赞同赵武灵王胡服骑射的主张，可是又有些担心会被人笑话。赵武灵王说："遭傻子笑话的地方，聪明人却会另有发现。就算世上所有的人都笑话我，我也要占领胡地和中山国！"

由于胡服骑射不单是一项军事改革措施，同时也是一个国家移风易俗的改革，是一次对传统观念的更新。因此，在实行之初，除了百姓接受有困难外，百官的抵触情绪也比较大。以公子成为代表的贵族官僚，遵奉传统观念，拒绝胡服骑射，他们或公开反对，或称疾不朝。群臣也都不愿穿戴胡服，怨言四起。在这样巨大的阻力面前，赵武灵王没有灰心。他数次拜访叔父公子成，对公子成说："我国东面有齐、中山，北面有燕、东胡，西南有楼烦、秦、韩，如今若没有骑射的本领，那我们靠什么来守卫国家？以前，中山那样的小国依靠齐国强大军队的支持，侵扰我们的领土，掳掠我们的百姓，引水围困我们的鄗城，使鄗城几乎失守。先王因为此事，一直感到深深的耻辱。所以我要改换胡服教人骑射，是想用它们来防备四方边境的入侵者，向中山国报往日之

仇。而您却为了沿袭传统，厌恶换装的名义，而忘记鄗城受攻的耻辱，这实在令我失望！”最后，公子成被说服，和赵武灵王一起穿上胡服上朝，众大臣见状，也纷纷效行。赵武灵王遂向全国下达“胡服令”，自上而下地改易服装，教民骑射，推行尚武之风。公元前 295 年，赵武灵王亲率身着胡服的骑兵部队，与齐国、燕国的军队共同灭了中山国。

胡服骑射的影响不仅局限于当时，它对以后中国社会的发展也产生了十分积极的影响。赵武灵王改穿胡服是出于骑射的客观要求，但事实上，胡服不仅适应于作战的需要，它比中原原来的衣冠更便于人们进行生产劳动和其他社会活动，从而在历史上产生了深远影响。胡服的优越性日益被中原人民接受。赵武灵王倡导的胡服骑射对此后中国的战争与交通也有很大的影响。春秋以前，中原地区的战争与交通皆用马车。赵武灵王推行的骑射，推动了整个中原骑兵的发展，标志着古代战争从战车时代进入了骑兵时代，这在中国军事史上有着划时代的意义。

项羽兵败垓下

公元前 202 年年底，楚汉两军在垓下进行了一场战略决战。垓下之战，是楚汉相争中决定性的战役，它既是楚汉相争的终结，又是汉王朝繁荣强盛的起点，更是中国历史上具有里程碑意义的转折点。它结束了秦末混战的局面，实现了统一，奠定了汉王朝的四百年基业。

公元前202年，汉王与诸侯会师追击项羽，项羽到了垓下，军队士卒极少，粮食断绝，与汉军交战失败，便退入营垒中。汉军会同诸侯军队加以重重包围。项羽在晚上听到汉军四面都唱起楚歌，大惊道："汉军已经全部得到楚国的土地了吗？是什么原因使楚人这么多呀！"便连夜起身，在帐中饮酒，慷慨悲歌，泪下数行，侍从人员见状也都纷纷哭泣，全不忍心抬头观看。项羽于是骑上他的名叫乌骓的骏马，部下的壮士骑马相随的有八百多人，当夜即突围往南奔驰。天大亮时，汉军发觉，便命令骑将灌婴率五千名骑士追赶。项羽渡过淮河，相随的骑兵能跟得上他的才一百多人。到达阴陵后，项羽一行人迷了路，就向一个农夫问路，农夫骗他们往左。项羽等人往左走，陷进了大沼泽地中。汉军因此追上了他们。

项羽于是又领兵向东奔走，到达东城，跟随的只有二十八个骑兵了。而这时汉军骑兵追上前来的有好几千人。项羽料想已无法脱身，便对他的骑兵们说："我从起兵到现在，已经八年了，身经七十多次战斗，不曾失败过。但是今天却被困在这里，这是上天要亡我啊，并不是我用兵有什么过错！今天定要一决生死，愿为你们痛快地打一仗，一定突破重围，斩杀敌将、砍倒汉旗，接连三次取胜，让你们知道是天要亡我，而不是我用兵的过错。"随即把他的人马分为四队，向四个方向冲杀。但汉军已将他们重重包围，项羽便对他的骑兵们说："看我为你们斩杀汉军一员将领！"就命令骑士们从四面奔驰而下，约定在山的东边分三处会合。接着项羽便大声呼喊着策马飞奔而下，汉军随即都溃败散乱，项羽就斩杀了一员汉将。这时，郎中骑杨喜追击项羽，项羽瞪着双眼厉声喝斥他，杨喜人马都受到惊吓，退避了好几里地。项羽便与他的骑兵们分三处相会合。汉军不知道项羽究竟在哪里，于是分兵三路，又把他们包围起来。项羽随即奔驰冲杀，又斩杀了汉军的一名都尉，杀掉了汉军百十来人。项羽重新聚拢了他的骑兵，至此仅损失了两名骑兵。项羽就对他的骑兵们说："怎么样啊？"骑兵们都敬服地说："正像大王您所说的一样！"

后来项羽撤退到乌江，乌江亭长把船停泊在岸边等着他，并对项羽说："江东虽然狭小，土地方圆千里，民众几十万人，却也足够用以称王的了。望大王您火速渡江！现在只有我有船，汉军到来，无船渡江。"项羽笑着说："上天要亡我，我还要渡江做什么啊！况且我与江东子弟八千人渡江西征，而今没有一个人归还，纵使江东父老怜爱我，仍然以我为王，我又有什么脸面去见他们啊！即便他们不说什么，难道我就不感到心中有愧吗？"于是，就把自己所骑的骏马乌骓送给了亭长，命令他的骑兵都下马步行，手持短兵器与汉军交战。仅项羽一人就杀死了汉军几百人，项羽自己

也身受十多处伤。这时，项羽回头看见了汉军骑司马吕马童，就说："你不是我的老朋友吗？"吕马童背过脸，指给中郎骑王翳说："这就是项王！"项羽便说道："我听说汉王悬赏千金买我的头颅，分给万户的封地，我就留给你一些恩德吧！"说完，自刎而死。王翳随即取下项羽的头颅。其余的骑兵便相互践踏着争抢项羽的躯体，互相残杀的有几十个人。到了最后，杨喜、吕马童和郎中吕胜、杨武各夺得项羽的一部分肢体。五个人把项羽的肢体会合拼凑到一起，都对得上，因此便分割原来悬赏的万户封地，五人都被封为列侯。

李清照十分赞赏项羽的豪爽、霸气，以及他宁死不屈的精神，作五言诗《乌江》："生当作人杰，死亦为鬼雄。至今思项羽，不肯过江东。"杜牧为项羽自刎而惋惜，作《题乌江亭》一诗："胜败兵家事不期，包羞忍耻是男儿。江东子弟多才俊，卷土重来未可知。"

项羽兵败，虽然惨烈，却也在情理之中。兵书上说"胜败乃兵家常事"，项羽一直所向披靡，战败一次又能怎样？俗话说，留得青山在，不怕没柴烧。然而在有幸逃脱之后，项羽却自刎于乌江之边，自毁希望，自断前程。而刘邦在此战之前据说是十战十败，如果战败即自刎的话，那刘邦该有多少条性命呢？由此看来，项羽并非真正的英雄，不过是匹夫之勇，小人之见。

叔孙通制礼仪

刘邦立国之初，群臣自恃功高，公然在朝廷上争功邀宠，醉后喧哗，全无君臣礼仪。叔孙通见此，建议汉高祖制定礼仪法度，以明体统。刘邦采纳了他的意见，并让他负责制礼工作。于是，叔孙通采古礼，参秦仪，制定了汉初的朝仪，为汉代的礼仪奠定了基础。他也由此被司马迁称为“汉家儒宗”。

汉高祖刘邦当初废除了秦朝繁苛的礼仪，仪制法令都很简易。臣子们一起喝酒争功，喝醉后有的人就胡言乱语，甚至拔出剑来砍宫殿里的柱子。高祖对此十分厌恶。叔孙通于是劝高祖说：“那班儒生，很难和他们一起攻打天下，但可以与他们一起保守成业坐天下。我愿意去征召鲁地的众儒生，来同我的弟子一起制定臣子朝见君主的礼仪规则。”高祖说：“该不会很难吧?”叔孙通道：“五帝的乐制不一样，三王的礼制不相同。礼制，是根据时代、人情的变化对人们的言行所确定的节制规范。我想稍微采用一些古代礼制，与秦朝的仪法掺合到一起制定出来。”高祖说：“可以试着做做，但要使这礼仪容易被人们了解，预估我们所能做得到的，据此去制定它。”

于是，叔孙通就奉命作为使者，去鲁地征召了儒生三十多人。鲁地有两个儒生不肯前往，说道：“您所侍奉的将近有十个君主了，都是依靠当面阿谀逢迎来赢得亲近、尊贵。如今天下刚刚平定，死亡的人尚未安葬，伤残的人还不能行动，又想要制礼作乐。而礼乐的产生，是积累德政上百年之后才能制作兴起的。我们不能忍心去做您所要做的事情。您回去吧，不要玷污了我们！”叔孙通笑着说：“你们真是浅陋迂腐的儒生啊，不懂得时势的发展变化！”随即偕同他所征召的三十人西行入关，又邀请高祖身边有学术修养的近臣和自己的弟子，共一百多人，用绳索圈出演习场所，插立茅草表示出尊卑位次，在野外演习礼仪。一个多月后，叔孙通告诉高祖说：“可以试看了。”高祖于是让他们举行礼仪演练，看完演练后说道：“我能够做这些。”于是命令群臣进行练习。

公元前200年，长乐宫落成，诸侯、群臣都前来参加朝贺典礼。仪式在天亮之前举行，谒者主持典礼，按次序将所有人员引导进入大殿门，排列在东、西两方。侍卫官员有的在殿下台阶两旁站立，有的排列在廷中，都持握兵器，竖立旗帜。这时，高祖乘坐辇车出房，众官员举旗传呼警戒，引导诸侯王以下至六百石级的官员依次序朝拜皇帝，无不震恐肃敬。到典礼仪式完毕，又置备正式酒宴。众侍臣官员陪坐在殿上的，都俯伏垂首，按官位的高低次序起身给皇上敬酒祝福。斟酒连敬九次，谒者宣告“结束宴饮”。御史执行礼仪规则，凡遇不遵照仪式规则的人就将他领出去。

由此从朝贺典礼和酒宴开始直到结束，没有出现敢大声喧哗、不合礼节的人。这时高祖便说："我今天才知道身为皇帝的尊贵啊！"便任命叔孙通为太常，赏赐黄金五百斤。

匈奴和亲

秦汉之际，居住在北方的匈奴族在冒顿单于的统治下，势力空前强大，拥有"控弦之士三十余万"。西汉政府感到自己实力不足，乃采用刘敬的建议，与匈奴结"和亲之约"。汉朝把宗室女作为公主嫁给单于为阏氏，每年奉送给匈奴大量的絮、缯、酒、米等物品，并与匈奴进行贸易。吕后时，单于曾写信侮辱吕后，吕后因国力不足，继续实行和亲政策。西汉初实行和亲，使双方关系暂得和缓。在边境通关市、贸易往来，对汉匈的经济发展都有一定的促进作用。

汉朝建立初期，匈奴冒顿单于屡次侵扰北疆。高祖为此十分忧虑，问谋士刘敬。刘敬说："天下刚刚安定，士兵们因兵事还很疲劳，不宜用武力去征服冒顿。但冒顿杀父夺位，把父亲的群妃占为妻子，以暴力建立权威，我们也不能用仁义去说服他。唯独可以用计策，使他的子孙长久做汉朝的臣属，然而我担心陛下做不到。"高祖问："如何做呢？"回答说："陛下如果能把嫡女大公主嫁给他为妻，再赠送丰厚俸禄，他一定仰慕汉朝，以公主为匈奴的阏氏，生下儿子，肯定是太子。陛下每年用汉朝多余而匈奴缺乏的东西，频繁

地赠送慰问他们，乘机派能言善辩之士前去奉劝和讲解礼节。这样，冒顿在世时，他本是汉朝的女婿辈；他死后，您的外孙便即位为匈奴王单于。难道曾听说过外孙敢和外祖父分庭抗礼的吗？这样我们可以不经一战而让匈奴渐渐臣服。如果陛下不忍让大公主去，而令宗室及后宫女子假称公主，他们知道了，不肯尊敬亲近，还是没有用。”高祖说：“好！”便想让大公主去。但吕后日日夜夜哭泣着说：“我只有太子和一个女儿，为什么把她嫁给匈奴！”无奈，公元前198 年冬，高祖在庶民家找来一名女子，称之为大公主，把她嫁给匈奴单于做妻子，同时派刘敬前往缔结和亲盟约。

公元前 192 年，惠帝又以宗室女子作为公主，嫁给匈奴冒顿单于。当时，冒顿正强大，写信派人送给吕太后，措辞极为亵污傲慢。吕太后大为愤怒，召集将相大臣，商议要杀掉匈奴来使，发兵攻打匈奴。樊哙说：“我愿意率领十万军队去横扫匈奴！”中郎将季布却说：“樊哙真该杀！从前匈奴在平城围困高祖，那时汉兵有三十二万，樊哙身为上将军，而不能解围。如今四方百姓哀苦之声尚未断绝，受伤兵士刚能起身，而樊哙却想祸乱天下，妄称以十万军队横扫匈奴，可笑至极！况且，匈奴不尚礼教，听了他们的好话不必高兴，听了他们的谩骂也不值得生气。”吕太后说：“说得对。”便派大谒者张释送去回信，十分谦逊地致以歉意，并送给匈奴两乘车、八匹马。冒顿接信后又派使臣前来

道歉，说："我们从前不知道中国的礼仪，感谢陛下的宽恕。"于是献上马匹，与汉朝和亲通好。

对于汉匈和亲政策，历来史学界主要有三种观点：第一，肯定说。这种政策，不论是当时统治者的主观愿望，还是一种策略手段，都带来了汉族与匈奴间的友好关系，有利于两地间的经济、文化交流和民族融合。也有人说，当时中原农业和草原牧业两种经济交往确以战争与和亲的方式进行；与战争政策相比，和亲政策更有利于两种经济的交流和发展。第二，否定说。这种说法认为，和亲政策企图换取边境暂时的安宁，使匈奴日益骄横，连年入侵边郡，两汉完全处于被动挨打的地位。也有人说，这是一种应急、权宜、妥协的消极政策。第三，具体分析说。两汉和亲的效果和作用，主要是取决于两汉国力的强弱，因此要具体问题具体分析。

七国之乱

西汉初年，汉高祖刘邦大封同姓诸侯王，并赋予他们很大的权力，诸侯王在他们的封地可以拥有军队、任免官吏、铸造钱币、收取租税，形成了对中央的半独立状态。后来，诸侯王国与中央的矛盾越来越尖锐。汉景帝时，御史大夫晁错建议"削藩"，削弱王国势力，保证中央集权的统治。公元前154年，吴王刘濞联络楚、赵、济南、淄川、胶西、胶东六个王国，以“诛晁错，清君侧”为由，发动叛乱，史称“七国之乱”。

汉文帝在位时，吴国太子进京朝见文帝，陪伴皇太子饮酒、博戏。吴太子在博戏过程中与太子争棋路，态度不恭，皇太子就拿起棋盘猛击吴太子，致其死亡。朝廷送吴太子的灵柩回去安葬，灵柩到达吴国，吴王恼怒地说：“天下都是刘氏一家的天下，死在长安就葬在长安，何必送回来安葬呢！”吴王又把太子的灵柩送回长安安葬。吴王从此渐渐失去藩臣的礼节，声称身体有病，不来朝见皇帝。京城知道吴王是为了儿子的缘故，就拘留和审问吴国的使者，吴王恐惧，开始产生了谋反的念头。文帝为了安抚吴王，赏赐给吴王几案和拐杖，表示照顾他年事已高，不必前来朝见。吴王见朝廷不再追究他的罪名，谋反之心也就渐渐消除了。

吴国国内有冶铜、制盐的财源，便不向百姓征收赋税；百姓应该为官府服役时，总是由吴王发给代役金，另外雇人应役；每到年节时，吴王都去慰问贤能的士人，赏赐平民百姓。其他郡国的官吏要来吴国捕捉流亡的人，吴国公然阻止，不把罪犯交出去。这样，前后持续了四十多年。晁错多次上书奏说吴王的罪过，认为应削减其封地。汉文帝宽厚，不忍心惩罚，所以吴王日益骄横。等到汉景帝即位，晁错又劝说景帝削减吴王的封地，因为他迟早会叛乱。后来等到楚王刘戊来京朝见，晁错借机说：“刘戊去年为薄太后服丧期

间，在服丧的居室里私下奸淫，请求处死他。”景帝下诏，免去刘戊的死罪，但把原楚国封地东海郡收归朝廷。另外，在前一年，赵王有罪，朝廷削夺了他的常山郡；胶西王因在卖爵之事上有不法行为，朝廷就削夺了他封地中的六县之地。

吴王刘濞害怕削夺没有止境，就打算举兵叛乱。想到其他诸侯王不足以共商大事，而胶西王勇武，喜欢兵法，诸侯都畏惧他。于是，吴王就派中大夫应高去游说胶西王，说：“现在天子任用奸臣，听信谗言，削夺诸侯封地，对诸侯的处罚很重，而且日甚一日。吴王自认为与大王面临着共同的忧患，希望顺应时势，遵循情理，牺牲生命去为天下消除祸患，我想您也同意吧?”胶西王大吃一惊，说：“我怎么敢做这样的事！天子待诸侯虽然很严苛，我只有一死了之，怎能起兵反叛呢?”应高继续劝说胶西王，并说吴王答应与胶西王分割治理天下。胶西王说：“好。”应高返归吴国，向吴王汇报，吴王担心胶西王不履行诺言，又亲自前往，到胶西国与刘卬当面约定。胶西国群臣得知胶西王的图谋，都上谏阻拦胶西王，但胶西王不听，还派使者与齐王、淄川王、胶东王、济南王约定共同举事，这些诸侯王都答应了。

公元前154年，朝廷削夺吴国会稽郡、豫章郡的文书到达，吴王刘濞就率先起兵，杀死朝廷任命的两千石以下的官员；胶西王、胶东王、淄川王、济南王、楚王、赵王也都举

兵叛乱。

七国叛乱的文书到达朝廷，景帝当即任命中尉周亚夫为太尉，统帅三十六位将军及其部队，前去迎击吴、楚叛军；派遣曲周侯郦寄攻打赵国，派将军栾布攻打齐境叛军；景帝又召回窦婴，任命他为大将军，让他率军驻守荥阳，监督用兵于齐国和赵国境内的汉军。为平息七国之乱，景帝听取袁盎的建议，斩杀了晁错。

吴兵向西进攻，但梁兵坚守城池，使得吴兵不敢向西进发，转而奔向周亚夫的部队，两军在下邑相遇。吴兵急于求战，但周亚夫坚守不出。吴军粮绝士卒饥饿，数次挑战，周亚夫始终不出。汉军军营中夜间突然惊乱，自相攻击，骚乱到了周亚夫的帐幕附近，但周亚夫还是高卧不起，骚乱一会儿又平静下来了。吴军攻击东南阵地，周亚夫下令西北阵地加强戒备。不久，吴、楚的精兵果然攻向西北，但不能攻入。吴、楚的士卒有很多饿死或反叛离散，只好撤退。同年初，周亚夫出动精兵追击，吴、楚联军大败。吴王刘濞丢下他的军队，带领数千精兵趁夜逃走，楚王刘戊自杀。吴王弃军逃走后，军队就崩溃瓦解了，有些士卒则投降了太尉周亚夫和梁王军。吴王渡过淮河，逃到丹徒县，士卒有一万余人，又收集逃散的士卒，想依附东越自保。汉朝派人以金钱利禄收买东越，东越就骗吴王出来慰劳军队，然后派刺客用短矛杀了吴王。吴国太子刘驹逃到闽越。吴、楚叛乱，共三

个月，全部平定。其他诸侯见大势已去，有的投降，有的自杀。七国之乱从吴王起兵，当年就被朝廷平定。

七国之乱是一个重大转折点，如果七国胜利，中国势必回到战国时代的割据局面，互相吞并，争战不休。七国失败，使西汉王朝的统一形势更加稳固。汉景帝刘启乘机收回各封国的行政权和军权，在封国掌握大权的不再是“封王”，而是“国相”（封国的宰相），国相由中央政府派遣。中央政府遂成为真正的大一统政府。

吴楚七国之乱仅三个月就被平息，也说明地方造反的势力根本不足以动摇国本。既然如此，诸侯王为什么明知不可为而为之，一而再再而三地以卵击石，犯相同的错误呢？封建统治者缺乏权力分享意识，不善于将一个权力分解为若干部分，以强化权力的有效性，始终没有建立起有关地方与朝廷关系的规则，朝廷与地方总是互相觊觎对方的利益。七国之乱的平定和诸侯王权力的削弱，沉重地打击了分裂割据势力，在制度上基本解决了刘邦实行诸侯王制度时所产生的弊病，进一步加强了中央集权统治。

为社稷霍光废帝

霍光是骠骑将军霍去病的异母弟，深得武帝信任。武帝崩，霍光受遗诏辅少主昭帝即位。昭帝年幼，一切军政决策全出自霍光，昭帝待他如父，权威镇服海内。昭帝崩，霍光迎立昌邑王刘贺，因其荒淫无道，不久被废。霍光又迎立武帝曾孙刘病已即位，是为宣帝。中国历史上以辅政而得名的人不多，以废立而得名的就更少了，但是霍光却是个例外，他虽然辅政多年，参与废立，但却始终保持着一个正面形象。

公元前74年，昭帝死后，朝中许多大臣主张立他的同父异母的哥哥广陵王刘胥为帝。但是霍光知道刘胥品行不端，所以汉武帝才不选立他。现在由自己辅政，反而选立一个失德的皇帝，怎么对得起死去的汉武帝呢？霍光不惜得罪诸多大臣，决定另选立继承人。他和皇太后商量，迎立汉武帝之孙昌邑王刘贺为帝。刘贺是昌邑王刘哀的儿子，他在封国内一向骄横跋扈，放荡不羁。在汉武帝丧期中，刘贺依旧外出巡游狩猎不止。接到上官皇后颁布的诏书后，刘贺就赶往京城。刘贺行至济阳，派人索求长鸣鸡，并在途中购买用竹子合制而成的积竹杖。经过弘农时，刘贺派一名叫作善的壮奴用有帘幕遮蔽的车运载随行的美女。刘贺抵达霸上，朝廷派大鸿胪到郊外迎接，侍奉刘贺换乘皇帝乘坐的御车。刘贺命昌邑国太仆寿成驾车，郎中令龚遂相陪。即将到达广明、东都门时，龚遂说道：“按照礼仪，奔丧的人看到国都，便应痛哭。前面就是长安外郭的东门了。”刘贺说：“我咽喉疼痛，不能哭。”来到城门之前，龚遂再次提醒他。刘贺说：“城门与郭门一样。”将至未央宫东阙，龚遂说：“昌邑国吊丧的帐幕在阙外御用大道的北边，帐前有一条南北通

道，马匹走不了几步，大王应当下车，朝着门阙，面向西方，伏地痛哭，极尽哀痛之情，方才停止。”刘贺答应道：“好吧。”于是步行上前，依照礼仪哭拜。六月初一，刘贺接受皇帝玉玺，承袭帝位，尊上官皇后为皇太后。

昌邑王刘贺继位后，骄横放荡毫无收敛。原昌邑国官吏全都被征召到长安，很多人得到破格提升。大将军霍光见此情景，忧愁烦恼，便向大司农田延年询问对策。田延年说：“将军身为国家柱石，既然认为此人不行，何不禀告太后，改选贤明的人来拥立呢?”霍光说：“我如今正想如此，古代有人这样做过吗?”田延年说：“当年伊尹在商朝为相，为了国家的安定将太甲废黜，后人因此称颂伊尹忠心为国。如今将军若能这样做，也就成为汉朝的伊尹。”于是，霍光命田延年兼任给事中，与车骑将军张安世秘密谋划废黜刘贺。后来，霍光在未央宫召集丞相、御史、将军、列侯、大夫、博士，商定为国家社稷废黜刘贺。霍光同群臣一同面见太后，向太后禀告陈述昌邑王刘贺不能继承皇位的缘故。于是太后召见刘贺，下诏废黜。霍光抓住刘贺的手，将他身上佩戴的玉玺绶带解下，呈献给皇太后，然后扶着刘贺下殿，从金马门走出皇宫，群臣跟随相送。刘贺出宫后，面向西方叩拜道：“我太愚蠢，不能承担汉家大事!”然后起身，登上御驾的副车，由大将军霍光送到长安昌邑王官邸。霍光满怀歉意地说：“大王的行为是自绝于上天，我宁愿对不起大

王，也不敢对不起社稷。希望大王自爱，我不能再经常侍奉于大王的左右了。”说完挥泪离去。

朝廷不可一日无君，现在昌邑王被废掉了，怎么才能选到一位贤明的君主呢？忠心辅政的霍光日夜为此焦虑不安。光禄大夫丙吉上书给霍光，推荐寄存在民间的汉武帝曾孙刘病已，说这位皇曾孙有德有才，可接回宫中继承皇位。霍光和大臣们商量后，禀报皇太后，就把刘病已接回宫中，拥立为皇帝，他就是有名的贤君汉宣帝。宣帝即位后对霍光又进行了嘉奖。霍光依然忠心耿耿地辅佐年轻的宣帝，教他如何才能做一个贤明的君主。汉宣帝在他的辅佐下，继续遵照“与民休息”的方针来制定政策，处理国事，使西汉王朝再次兴盛，史称“昭宣中兴”。公元前68年，三朝元老霍光病逝。汉宣帝和皇太后亲自为霍光主持丧礼，并用极其隆重的礼仪，把这位忠心辅政、安定社稷的重臣埋葬在茂陵汉武帝陵墓的旁边，以示对他的尊崇。

霍光秉持汉朝政权前后达二十年，忠于汉室，老成持重，果敢善断，知人善任，实为具有深谋远虑的政治家。他废刘贺，立汉宣帝，使汉室转危为安，其政治胆略可与萧何相比；他改变武帝末年横征暴敛、赋税无度的政策，不断调整阶级关系，休养生息，使汉代的经济出现了又一个繁荣时期，这也说明他以国家为重、以民生为重的治国思想。当然，不能否认，这些成就的取得，都与汉武帝所创立的业绩分不开，如果没有汉武帝时期奠定的基础，霍光在政治经济上都很难成功。但尽管如此，也不能否认他的才略和功绩。

拓跋宏易俗改姓推汉制

拓跋宏是北魏王朝的第七个皇帝，即魏孝文帝。他是个开明君主，在促进民族融合、学习先进经验、推动历史发展方面做出了很大贡献，从而推动了北魏王朝政治和经济的快速发展，促进了鲜卑族同汉族的融合，使鲜卑族进一步汉化。

北魏孝文帝拓跋宏迁都洛阳后，想改变北方旧的风俗，于是下诏禁止臣民穿胡服，但遭到绝大多数人的抵制。北魏皇太子在太庙举行加冠之礼时，孝文帝召见文武群臣，问他们：“你们希望朕远追商、周呢？还是想让朕连汉、晋都比不上呢？”咸阳王拓跋禧回答说：“群臣们都盼望陛下能超过前王。”孝文帝接着又问道：“那么应当改变风俗习惯呢？还是因循守旧呢？”拔跋禧再回答：“愿意移风易俗，圣政日新。”又问：“只是愿意自身实行呢？还是希望传之于子孙后代呢？”回答说：“愿意传之于百世万年。”于是，孝文帝说道：“那么，朕一旦下令开始实行，你们一定不得有违。”拓跋禧回答：“上令而下从，有谁敢违抗呢？”孝文帝又说：“‘名不正，言不顺，则礼乐不能兴。’现今朕想要禁止使用鲜卑语，全部改用汉语。年龄在三十岁以上的人，由

于习性已久，可以宽容他们不能一下子就改换过来。但是，年龄在三十岁以下的人，凡在朝廷中任职者，不能允许他们仍然还讲过去的语言，如果有谁故意不改，就一定要降免其官职。所以，各位应当严加自戒。对此，各位王公卿士同意不同意呢？”拓跋禧回答：“无不遵从圣旨。”

孝文帝接着说：“朕曾与李冲谈过此事，李冲说：‘四方之人，言语不同，故不知应该以谁的为是；做皇帝的人说的，就是标准。’李冲此话，其罪行应当处死。”孝文帝又指责出巡时留守洛阳的官员们：“昨天，朕望见妇女们还穿着夹领小袖衣服，你们为什么不遵行朕的诏令呢？”这些官员们都磕头谢罪不已。孝文帝继续说道：“如果朕说得不对，你们可以当庭争辩，为什么上朝则顺从朕旨，退朝后就不听从呢？”

第二年正月，北魏孝文帝发布诏令，认为：“北方人称‘土’为‘拓’，称‘后’为‘跋’。魏朝的祖先是黄帝的后代，以土德而称帝，所以姓拓跋。土，乃黄中之色，万物之元，所以应该改姓为‘元’。诸位功臣旧族中凡从代京迁来的，其姓氏有的重复，要一律改变。”于是，开始改拔拔氏为长孙氏、达奚氏为奚氏、乙旃氏为叔孙氏、丘穆陵氏为穆氏、步六孤氏为陆氏、贺赖氏为贺氏、独孤氏为刘氏、贺楼氏为楼氏、勿忸于氏为于氏、尉迟氏为尉氏，其余所改姓氏，不可胜数。此后不久，北魏又改变旧有的度量衡制度，改用长尺、大斗，实行《汉书·律历志》的规格制度。八月，北魏在首都洛阳设立国子学、太学和四门小学。十二月，拓跋宏在光极堂召见文武百官，赏赐汉人的冠帽、衣服，要他们不要再穿鲜卑服装。在此以前，北魏人民从未用过钱币，这年，拓跋宏才下令铸“太和五铢”钱。待冶炼设备初步齐备以后，拓跋宏下诏：无论是朝廷还是民间，以后的商品交换，一律用钱币作为流通媒介。

孝文帝拓跋宏的一系列改革，推动了北魏王朝政治和经济的发展，促进了鲜卑族同汉族的融合，使得鲜卑族进一步汉化。魏孝文帝不囿于民族偏见，敢于承认自己的落后，冲破阻力，接受先进的文化，学习先进的政策制度和统治经验，改造少数民族中落后的地方，促进了当时以鲜卑为中心的北方各族的封建化和以汉族为主体的民族大融合，对我国多民族国家的形成和发展做出了积极有益的贡献。因此，孝文帝不仅是一个目光远大、气度恢弘的改革者，也是历史长河中民族融合的积极推进者。

庾亮专权反苏峻

庾亮是东晋外戚，司马睿为镇东大将军时任西曹掾，颇受器重。后以庾亮妹妹为皇太子（晋明帝）妃，庾亮侍讲东宫，与太子交好。明帝即位，庾亮任中书监，为王敦所忌，托病去官。公元325年，明帝卒，庾亮为中书令，与王导共辅六岁太子司马衍（晋成帝）继位，庾太后临朝，政事决断于庾亮。

庾亮辅佐朝政时，刑罚严酷，颇失人心。历阳内史苏峻对国家有功，威望日益显赫，拥有精兵万人，军械精良，朝廷把长江以北地区托付给他治理。但苏峻颇有骄纵之心，轻视朝廷，招纳亡命之徒，人数日渐增多，都靠国家供给生活物资，陆运、水运络绎不绝，稍有不如意，就肆无忌惮地斥骂。南顿王司马宗因为被人弹劾谋反，庾亮派人拘捕，司马宗拒捕被杀。司马宗的党羽卞阐逃走，投奔了苏峻。庾亮发下朝廷符令让苏峻把卞阐送回来，苏峻却把他藏了起来。司马宗被杀，晋成帝司马衍并不知道。很久之后，司马衍问庾亮说："以前那个白头发老公公在什么地方？"庾亮回答说，他因为谋反已经被诛杀。司马衍哭着说："舅舅说人是反贼，就把他杀了。如果别人说舅舅是反贼，该怎么办？"庾亮害怕，脸色都变了。

庾亮认为苏峻在历阳，迟早会酿成祸乱，便想下诏征召他入京，于是询问司徒王导的意见。王导说："苏峻猜疑阴险，必定不会奉诏前来，不如暂且容忍他。"庾亮在朝中说："苏峻狼子野心，最终必会作乱。今天征召他，纵然他不听从上命，造成的祸乱也还不大。如果再过些年，就无法再制服他，这就如同汉时的七国对朝廷一样。"朝臣无人敢诘难，只有光禄大夫卞壶争辩说："苏峻拥有强大的军力，又靠近京城，路途用不了一个早上便可到达，一旦发生变乱，容易出差错，应当深思熟虑。”庾亮不听。卞壶知道庾亮必会失败，写信给温峤说：“庾亮征召苏峻的主意已定，这是国家的大事。苏峻已表现出骄狂的样子，如果征召他，这是加速祸乱的到来，他必定会挺起毒刺面对朝廷。朝廷的威力虽然强盛，但不知道能否擒获他，王导也有此意。我与庾亮争辩十分恳切，但不能拿他怎么样。我本来想让足下在外任官作为外援，现在反而恨足下在外，不能与你一同谏止他，我或许会追随你的。”温峤也多次写信劝阻庾亮。满朝大臣都认为此事不可，庾亮全然不听。

苏峻听说此事，派人对庾亮说：“征讨贼寇，在外任职，无论远近我都唯命是从。至于在朝内辅政，实在不是我能胜任的。”庾亮拒而不受。苏峻上表说：“昔日明皇帝拉着下臣之手，让我北伐胡寇。如今中原尚未平定，我怎敢贪图安逸！乞求给我青州界内的一个荒远州郡，让我得以施展朝廷鹰犬的作用。”又被拒绝。苏峻整装准备赴召，但又犹豫不决。参军任让对苏峻说：“将军您请求处居荒郡都未获允许，事情已发展到这样，恐怕已无生路，不如领兵自守。”阜陵令匡术也劝苏峻造反，苏峻便不应从诏令，举兵反叛。次年正月，苏峻的叛军攻入京城，挟持天子。庾亮乘坐小船逃走，与温峤一起起兵讨伐苏峻，苏峻战败被杀，残部于次年被全部剿杀。

唐太宗励精图治

唐太宗李世民即位为帝，改年号为贞观。太宗居安思危，励精图治，任用贤良，从谏如流，实行轻徭薄赋、舒缓刑罚的政策，终于实现了国家富强、社会安定、百姓安居乐业的盛世升平景象，史称“贞观之治”。

唐太宗与群臣讨论消灭强盗的问题。有人主张制定严刑峻法，太宗不以为然，认为百姓之所以做强盗，是因为赋役太重，官吏贪暴，以至于饥寒交迫，才铤而走险，所以应该减轻赋税和徭役，整顿吏治。随后，太宗依此采取了相应的改革措施。如此过了几年，果然天下太平，路不拾遗，夜不闭户，客商行旅可以在野外露宿。太宗曾对身边的大臣说：“君主依靠国家，国家依靠百姓。剥削百姓侍奉君主，就像割下身上的肉来充饥，吃饱了人也死了，君主虽然富足但国家就将灭亡。所以君主的忧虑，不是来自于外界，往往在于自身。欲望多则花费大，花费大则赋税繁重，赋税繁重则百姓忧愁，百姓忧愁则国家危殆，国家危殆则君主不保。朕经常考虑这些问题，所以不敢放纵欲望。”

公元631年，河内人李好德得了心病，胡乱说话，妖言惑众，太宗下诏审理此事。大理丞张蕴古上奏说：“李好德生病有证据，依法不应治罪。”治书侍御史权万纪弹劾说：“张蕴古籍贯在相州，李好德的哥哥李厚为相州刺史，张蕴古为了讨好李好德，所以弄虚作假。”太宗大怒，下令将张蕴古斩首，事后很快又后悔了，于是下诏说：“从今以后凡是死罪，即使下令立即处决，也要三次复奏后才能执行。”当年底，太宗因为自己虽然下令死刑犯被处决前要经过三次复奏，但有关部门往往流于形式，在片刻之间完成三次复奏，于是颁下制书，增加复奏次数。结果很多被冤枉或是判刑过重的人，因此而免于死罪。第二年年底，太宗亲自审核监狱囚犯，见到应该处死的人，心生怜悯，就放他们回家，但是要求到秋天就回来受死。并且下令，把全国的死刑犯都放回家，让他们到期赶往京师。过了一年，当初放回家去的死刑犯，全国共有三百九十人，在没有人监督的情况下，都自己按期来到朝堂上报到，没有一个人逃亡。太宗把他们全都赦免了。

太宗曾经问身边的大臣：“创业与守成哪个更难？”房玄龄说：“建国之初，我们与群雄一起举义，以实力相竞争，然后使之臣服，创业难啊！”魏徵说：“自古以来的帝王，都是从艰难中夺取天下，在安逸中失去天下，守成更难！”太宗说：“玄龄与我共同夺取天下，出生入死，所以知道创业的艰难。魏徵与我共同安定天下，经常担心因为富贵而生出骄傲奢侈，因为轻忽而生出灾祸变乱，所以知道守成的艰难。然而创业的艰难，已经过去了；守成的艰难，正应当与各位慎重面对。”房玄龄等人叩拜，说：“陛下这样说，是天下百姓的福气!”其实，创业与守成、打天下与治天下，是历史上经常被讨论的有关君道政体的一个重要话题。辩证地看，创业与守成同样是艰难的。创业时期的出生入死，需要顽强的意志和坚韧不拔的精神。等到战胜了所有的敌人建立了新政权之后，从艰苦的战争年代走过来的人，似乎还有想想都后怕的感慨。

太宗立晋王李治为太子，曾经对身边的大臣说：“朕自从立李治为太子，遇到事情就趁机教诲。看到他吃饭，就说：‘你知道耕种的艰难，才能经常吃上饭。’看到他骑马，就说：‘你知道马的劳逸，不要耗尽它的力量，就能经常骑它。’看见他坐船，就说：‘水能载舟，亦能覆舟。百姓就像水，君主就如舟。’看见他在树下休息，就说：‘木头经过墨线矫正则直，君主接受劝谏才能圣明。’”

从太宗的话可以看出，以民为本的思想；广开言路，虚怀纳谏的胸襟；重用人才，唯才是任的准则；铁面无私，依法办事的气度等，正是成就贞观之治的根本原因，它使唐朝在当时与西方国家相比，无论在政治、经济，还是文化上，都走在世界的最前列。

唐太宗割爱立太子

唐太宗是我国历史上少有的开明帝王，但遗憾的是，他选择性情懦弱的晋王李治做接班人，结果酿成武后专权，改

唐为周的悲剧。李唐皇权旁落数十年，几乎断送了李唐王朝的国祚。唐太宗明知李治懦弱，难当大任，为什么偏偏要选李治当接班人呢？

公元643年，太子李承乾因为谋反获罪，被幽禁起来。唐太宗废了李承乾的太子位以后，魏王李泰天天跟在他身边服侍，太宗答应立他为太子，中书侍郎岑文本、侍中刘洎等人也表示支持，而司徒长孙无忌却坚持要立晋王李治为太子。唐太宗答应立李泰为太子后，李泰躺在太宗怀里说："我今天才成为陛下的儿子，这是我再生的日子啊。我只有一个儿子，以后等我死的时候，一定把他杀掉，把皇位传给晋王。"太宗把李泰的话说给大臣们听，并说："谁不爱自己的儿子？我看到他能这样，很喜欢他。"谏议大夫褚遂良说："陛下说的话不合情理，请仔细考虑，不要铸成大错。陛下万岁以后，如果魏王有了天下，怎么可能杀掉心爱的儿子，传位给晋王呢？陛下当初既然已经立承乾为太子，又宠爱魏王，给他的待遇超过承乾，所以才酿成今天的变故。臣希望陛下能以此为鉴。陛下如果今天立魏王为太子，请先处理掉晋王，这样才能让大家安心。"唐太宗流下泪来说："我做不到。"说完，起身回宫。

当时太宗的第五子李祐因为发动叛乱被赐死，太宗的弟弟汉王李元昌因参与太子的阴谋也被处死，太宗心情极为不好。李泰担心太宗立李治为太子，就对李治说："你一向跟

汉王友好，如今他出了事，你不发愁吗?”李治恐惧不安，整天愁眉苦脸，太宗看到后感到奇怪，追问他什么原因，李治把李泰的话讲出来，太宗感到很意外，开始后悔不该说立李泰为太子的话。当太宗责问李承乾为什么谋反时，李承乾说:“我已经当了太子，还有什么要求?只是因为受到魏王的逼迫，才跟手下人商议如何保住自己，结果受坏人唆使，做了越轨的事。如果立他为太子，就正好中了他的圈套。”太宗因此对李泰更不放心。

有一天，太宗对身边几个大臣说:“朕的三个儿子、一个弟弟竟做出这些事情，朕心里真是痛苦极了!”于是转身撞向床头，大臣们都上去阻拦。太宗又抽出佩刀来想自杀，褚遂良夺下刀交给李治。长孙无忌等人问太宗有何不快，太宗说:“我想立晋王为太子。”长孙无忌说:“遵命!谁敢反对，让我去砍他的头!”太宗对李治说:“你舅舅已经同意了，你应该拜谢他。”太宗又说:“你们几位已经同意，不知外面舆论如何?”长孙无忌说:“晋王仁慈孝顺，天下人早就归心了。请陛下去问百官，如有人反对，就是我对不起陛下，罪该万死。”太宗就登上太极殿，召集六品以上的文武官员，对大家说:“承乾大逆不道，魏王居心不良，都不能当太子。我想在其他儿子中选一个接班人，谁最合适?请大家公开表态。”大家异口同声地说:“晋王仁孝，应当接班。”太宗很高兴。当天，李泰率领一百多名骑兵到永安门，

太宗敕令守门的官员拦住他的骑兵，带李泰进入章门，把他幽禁在北苑。接着，太宗下诏，立李治为太子。太宗对身边的侍臣说：“今后凡是太子无道，而藩王想取代的，就把他们一齐罢免，这要成为子孙后代的一个制度。况且如果立了李泰，承乾和李治都保不住；立了李治，承乾和李泰都能平安无事。”

从唐太宗这段话来看，唐太宗立李治为太子的原因已经很清楚了，他是迫不得已，他自己为了当上皇帝，兄弟之间兵戎相向，结果导致兄弟被杀，父子关系不和，他不希望自己身上发生过的悲剧在儿子们身上重演。

张柬之驱武复李唐

武周时，张柬之历任荆州大都督府长史、宰相，以主谋迫使武则天退位而闻名于史。公元 704 年，武则天染病，宠臣张昌宗、张易之侍疾在侧，弄权用事。张柬之与另一宰相崔玄暐等人密谋除掉二张。公元 705 年，张柬之等率羽林兵五百余人，迎太子李显由玄武门入宫，斩易之、昌宗，迫武则天传位于太子。二月，恢复唐国号。

公元 705 年，武则天病得很重，麟台监张易之和春官侍郎张昌宗在宫中弄权，宰相张柬之、崔玄暐与中台右丞敬晖、司刑少卿桓彦范以及相王府司马袁恕己策划诛杀张易之和张昌宗。当初，张柬之接替荆州都督府长史杨元琰的官职，二人一起在长江里划船。到江心的时候，谈到武则天以周代唐的事情，杨元琰慷慨激昂，大有匡复唐室之意。张柬之做了宰相以后，就引荐杨元琰担任右羽林将军，对他说："你还记得你在江心时说的话吧？今天的官职，可不是随便给你的。"张柬之还任用桓彦范、敬晖与右散骑侍郎李湛，让他们都担任左、右羽林将军，掌握禁军的兵权。张易之等人怀疑恐惧，张柬之又任用他们的党羽武攸宜为右羽林大将军，张易之等人才安心。

不久，灵武道安抚大使姚元之从灵武入朝，张柬之和桓彦范把计策告诉姚元之。当时太子李显在北门居住，桓彦范和敬晖前去拜见，偷偷告诉太子他们的计策，太子李显表示同意。张柬之、崔玄暐、桓彦范与左威卫将军薛思行等人，率领左右羽林兵五百多人到玄武门，派右羽林卫大将军李多祚、李湛与内直郎驸马都尉王同皎去东宫迎接太子李显。太子犹疑，不肯出来，王同皎说："先帝把社稷交给殿下，殿下无故遭幽禁废黜，人神共愤，已经二十三年了。现在上天引导人心，大家同心协力，诛灭凶恶小人，恢复李氏社稷，希望殿下暂且去玄武门满足大家的期望。"太子说："凶恶的小人的确应该诛灭，但是圣上正在生病，不会惊扰到她吗？请各位以后再筹划。"李湛说："将相们不顾家族，为社稷献身，殿下为什么要把他们推进火坑呢？请殿下亲自去制止他们。"太子于是出宫。

王同皎把太子抱到马上，跟随太子到玄武门，斩断门闩入宫。武则天住在迎仙宫，张柬之等人在走廊里斩杀了张易之和张昌宗，然后进入武则天居住的长生殿，羽林卫已将宫殿围困起来。武则天吃惊地站起来，问："是谁作乱?"回答说："张易之、张昌宗谋反，我们奉太子之命杀了他们。因为担心事情泄露，所以没有向您奏报。我们在禁宫动兵，罪该万死!"武则天看见太子李显，说："是你干的?他们二人已经受诛，你可以回东宫去了。"桓彦范上前说："太子怎么回东宫呢?以前天皇把爱子托付给陛下，现在他已经长大，一直在东宫为太子，天意人心，思念李氏已久。群臣不忘太宗、天皇的恩德，所以奉太子命令，诛杀贼臣。希望陛下把帝位传给太子，以顺从天意人心!"武则天又对崔玄暐说："其他人都是由别人推荐提拔的，只有你是朕亲手提拔的，你怎么也在这里呢?"崔玄暐说："这正是为了报答陛下的恩德。"于是逮捕了张昌期、张同休、张昌仪等人，全都处斩，与张易之、张昌宗的首级一起悬挂在神都天津桥南边示众。随后，武则天颁下诏书，由太子李显代理朝政。次日，武则天传位于李显。又次日，中宗李显即位，恢复大唐国号。

显然，对于像武则天这样敢作敢为、言出不二，尤其是在几十年之中以强硬态度控制朝政而得心应手的人，如采用软弱退让的手法，只能使武则天更加强硬，更加为所欲为。

在这场争取皇位的权力斗争中，以张柬之为首的忠臣良将，一改太子等人一味妥协忍让的做法，果断用强，绝不手软，绝不讲情面，从而一步到位，取得了复唐的成功。应该说，张柬之“以硬对硬，一步到位”的做法，在当时是最为明智的选择。

祸乱起梁太祖叹余生

公元 912 年，梁太祖朱全忠亲率大军北上救燕，以雪柏乡战败之耻，途经蓨县（今河北景县），夜遭屯赵州（今河北赵县）阻援的晋将李存审所遣六百骑的袭击，部众惊慌溃乱。朱全忠羞愤成疾，撤军南返，不久被其子刺杀身亡。

唐朝末年，梁王朱全忠的势力越来越大。唐衰帝派遣御史大夫薛贻矩到大梁慰劳朱全忠，薛贻矩回到东都洛阳，对唐衰帝说：“元帅有接受禅让的意思了！”唐衰帝于是颁下诏书，准备让位给梁王朱全忠。公元 907 年，梁王朱全忠接受唐朝文武百官的朝拜后，下令除去唐年号，改年号为开平，国号大梁，朱全忠即梁太祖。公元 912 年，周德威率兵到达幽州城下，刘守光派人向梁太祖求援，当时正逢太祖有病。二月，太祖病体稍愈，就准备亲自攻伐镇州、定州，以救燕国之急。

当初，梁太祖率兵渡河北上，号称大军五十万。晋忻州刺史李存审这时率部驻防赵州，手下兵力单薄，裨将赵行实

建议退守土门以避兵锋，李存审没有同意。后来听说梁太祖派贺德伦带兵攻蓨县，李存审就对史建瑭、李嗣肱说："咱们大王正在对付幽蓟，抽不出兵力来增援我们，南方的事就靠咱们几个人了。现在蓨县处境十分危急，我们怎能坐视不管？假如敌军攻下蓨县，肯定就会西侵深州、冀州，后果就更加严重了。我准备和诸位一起用奇计破敌。"李存审于是带兵把守下博桥，派史建瑭、李嗣肱分道活捉后梁兵卒。史建瑭把他的部下分为五队，每队各一百人，一队往衡水，一队往南宫，一队往信都，一队往阜城，自己与李嗣肱带领一队深入敌军，遇见打柴割草的后梁兵全都捉拿，俘获数百人。第二天，他的军队在下博桥会合，把俘获的后梁兵全都杀死，只留数人把胳膊砍掉后放走，说："替我告诉朱公，晋王的大军到了。"

史建瑭与李嗣肱率部来到蓨县西边，没有来得及扎营，他们就各率领三百士兵，模仿后梁军的旗帜和衣服颜色，与打柴割草的后梁兵混杂行走。太阳快要落山时，他们到达贺德伦的营门，杀死守门人，到处放火起哄，弓箭乱射，左冲右突。天黑以后，他们斩下敌人的首级带着俘虏离去了。梁军大乱，不知道发生了什么事。被晋军砍断手臂的梁军士兵又回来报告："晋军大队人马到了！"太祖大惊，烧毁营垒连夜逃跑，又迷失了道路，曲折行走了一百五十里，到天亮时才回到冀州。蓨县的百姓拿着锄头举着棍棒追击梁军，梁军抛弃的军用物资器械不计其数。不久，太祖又派出骑兵侦察晋军的动静，回来报告说：“晋军大队人马并没有来，这只是史建瑭先锋指挥使派出的流动骑兵罢了。”太祖听了心中既羞愧又愤恨，从此病情加重，连轿子都不能坐。

五月，梁太祖病情加重，他对身边的亲信说：“我经营天下三十年，想不到太原余孽竟如此猖狂！我看晋人的志向不小，老天又不肯让我多活几年。我死以后，我的儿子们都不是他们的对手，我将死无葬身之地了！”说完就晕厥过去了。六月，梁太祖被其子刺杀身亡。

运筹帷幄之策

中国有一句成语，叫作“运筹帷幄”，意思是在军营的幕帐中对战争的全局进行周密的策划。汉高祖刘邦在夺取天下之后曾经称赞他的谋士张良，说张良能够“运筹帷幄之中，决胜千里之外”。意思是说，张良坐在军帐中运用计谋，就能决定千里之外战斗的胜利。这说明张良谋略多，善用脑，善用兵。后来人们就用“运筹帷幄”表示善于策划。的确，唯有运筹帷幄，我们才能在自己的领域里得心应手，游刃有余；才能对各种细节了如指掌，百战不殆；才能面对未来的发展，做到洞若观火，高瞻远瞩，

韩信背水布阵

公元前204年，赵王歇起兵二十万，占据井陉口，准备迎战前来进攻的汉大将军韩信，韩信出井陉口后，不顾兵家大忌，背靠河水排开战阵与敌人交战。韩信以大敌当前、后

无退路的处境来坚定将士拼死求胜的决心，结果大破赵军。

公元前204年，韩信、张耳率领军队数万人向东进攻赵国。赵王歇和成安君陈馀听说汉军来袭，便在井陉隘口聚集军队，号称二十万。广武君李左车劝说成安君陈馀道：“韩信、张耳乘胜势离开本国远征，锋芒锐不可当。我听说：‘从千里之外供给军粮，士兵会面有饥色；临时拾柴割草来做饭，军队会食不果腹。’而今井陉这条路，车辆不能并行，骑兵不能成列，行军队伍前后拉开几百里，依此形势，随军的粮草必定落在大部队的后面。望您暂时拨给我三万精兵作为突击队，抄小路去截断对方的辎重粮草，而您则深挖壕沟、高筑营垒，坚守不出战。这样一来，他们向前无仗可打，退后无路可回，野外又没有什么东西可食，如此不到十天，韩信、张耳这两个将领的头颅就可以献到你的帐前了，否则便肯定要被他们二人俘获。”但陈馀曾经自称是义兵，不屑于使用阴谋奇计，故说：“韩信兵力单薄且又疲惫不堪，对这样的军队还避而不击，各诸侯便会认为我胆怯而随意来攻打我了。”

韩信派人暗中打探消息，得知陈馀没有采纳广武君的计策，异常高兴，便率军径直前进，在距离井陉口三十里的地方停下来宿营。到半夜时分，韩信传令部队出发，挑选两千名轻骑兵，每人手拿一面红旗，从小道上山隐蔽起来，观察赵军的动向，并告诫他们说：“交战时赵军看到我军撤退，

必会倾巢出动来追赶我们，你们即趁机迅速冲入赵军营垒，拔掉赵军的旗帜，插遍汉军的红旗。”又命他的副将传送一些食品给将士，说道：“待今天打败赵军后再会餐！”众将领们都不相信，只是假意应承道：“好吧。”韩信说：“赵军已经抢先占据了有利地形安营扎寨，而且他们没有看见我军大将的旗鼓，是不会出兵攻打我们的先头部队的，这是因为他们怕我军到了险要的地方，遇阻后就会撤回去。”韩信随即派遣一万人做前锋，开出营寨，背靠河水摆开阵势。赵军望见后哗然大笑。

天刚蒙蒙亮的时候，韩信打出了大将的旗鼓，鼓乐喧天地开出了井陉口。赵军出营门迎击，双方激战了很久。这时，韩信和张耳便假装丢旗弃鼓，逃回河边的阵营。河边部队大开营门放他们进去，然后又和赵军鏖战。赵军果然倾巢出动，争抢汉军抛下的旗鼓，追逐韩信和张耳。韩信、张耳进入河边的阵地后，全军即拼死奋战，赵军无法打败他们。

韩信派出的两千名骑兵突击队一起等到赵军将士全体出动去追逐争夺战利品时，立刻奔驰进入赵军营地，拔掉所有赵军旗帜，插上两千面汉军红旗。赵军已经无法抓获韩信等人，便想退回营地，却见自己的营垒中遍是汉军的红旗，都惊慌失措，以为汉军已将赵王的将领全部擒获了，于是士兵们大乱，纷纷逃跑。尽管赵将不停地斩杀逃兵，也无法阻止溃败之势。汉军随即又前后夹击，大败赵军，在水边杀了陈馀，活捉了赵王歇。

将领们献上敌人的首级和俘虏，向韩信祝贺，并趁势问韩信说："兵法上提出：'布军列阵要右边和背面靠山，前面和左边临水。'而这次您却让我们背水布阵，还说'待打败赵军后再会餐'，我们当时都颇不信服，但是竟然取胜了，这是什么战术呀？"韩信说："这种战术兵法上也有，只不过你们没有留意罢了！兵法上不是说'置之死地而后生，投之亡地而后存'吗？况且我所率领的并不是平时训练有素的将士，这即是所谓的'驱赶着街市上的平民百姓去作战'，势必要把他们置于死地，使他们人人为各自的生存而拼死战斗。"

"背水一战"所用的正是兵法上所讲的"置之死地而后生，投之亡地而后存"的战术，这是一种自绝退路的战术，其好处就是可以充分利用将士的求生欲望，激发起他们最大的战斗潜力。然而，这也是一种非常危险的战术，非有大智谋不可用。否则，就会置之死地而速亡。

封赏雍齿抚臣心

汉高祖平定天下后，面临着如何封赏这一棘手问题。赏与罚往往最易牵动人们敏感的神经，按照刘邦原先的赏罚办法，不免要使得那些开国功臣们人心惶惶。对于刚刚得了天下，地位还不是十分稳固的刘邦来说，这样只会对自己不利。于是，刘邦听从张良的意见，封自己最痛恨的雍齿为什邡侯，以安群臣之心。

公元前201年，刘邦开始剖符分封各功臣。萧何被封为酂侯，所封的食邑最多。功臣们都说："我们披坚甲持剑戟，参加战斗多的一百多次，少的也有几十次。如今萧何没有参加征战的功劳，只靠主持文书及参加谋议，功劳却排在我们之上，这是什么道理?"高祖说："你们知道打猎是怎么回事吗？打猎，追杀野兽兔子的是猎狗，而放开系狗绳指示野兽所在地方的是人。现在你们只不过是能捕捉到奔逃的野兽罢了，功劳就如猎狗一样；至于萧何，却是放开系狗绳指示猎取的目标，功劳和猎人相同啊!"群臣于是都不再说三道四了。

张良身为谋臣，也没有什么战功，高祖却让他自己选择齐地三万户作为封地。张良说："当初，我在下邳起兵，与陛下在留地相会，这是上天把我授给陛下。此后陛下采用我的计策，幸好有时能获得成功。我希望封得留地就足够了，不敢承受三万户的封地。"高祖于是封张良为留侯。高祖封陈平为户牖侯。陈平推辞说："我没有那么多功劳。"高祖道："我采纳您的计谋，克敌制胜，这不是功劳又是什么呀?"陈平说："如果没有魏无知的举荐，我哪里能够进见啊?"高祖道："像您这样，可以说是不忘本了!"随即又赏赐了魏无知。

高祖已经封赏了大功臣二十多人，其余的人日夜争功，一时决定不下来，便没能给予封赏。高祖在洛阳南宫，从天桥上望见将领们往往三人一群两人一伙地同坐在沙地中谈论着什么。高祖说："他们这是在说些什么呀？"留侯张良道："陛下不知道吗？这是在图谋造反啊！"高祖说："天下刚刚安定下来，为什么又要谋反呢？"留侯说："陛下由平民百姓起家，依靠这班人夺取了天下。如今陛下做了天子，所封赏的都是自己亲近喜爱的老友，所诛杀的都是自己生平仇视怨恨的人。现在军吏们计算功劳，认为即使把天下的土地都划作封国也不够全部封赏的了，于是他们就害怕陛下对他们不能全部封赏，又担心因往常的过失而被猜疑以至于遭到诛杀，所以就相互聚集到一起图谋造反了。"高祖于是担忧地说："这该怎么办呀？"留侯道："皇上平素最憎恶且群臣又都知道的人，是谁啊？"高祖说："雍齿与我有旧怨，他曾经多次困辱我。我想杀掉他，但由于他功劳很多，所以不忍心下手。"留侯说："那么现在就赶快先封赏雍齿，这样一来，群臣也就坚信自己能受到封赏了。"高祖这时便置备酒宴，封雍齿为什邡侯，并急速催促丞相、御史论定功劳进行封赏。群臣结束饮宴后，都欢喜异常，说道："雍齿尚且封为侯，我们这些人也就没有什么可担忧的了！"

赏与罚如果得当，便会起到积极作用，如果不得当，就会弄巧成拙。聪明人实施赏与罚，其意不仅仅在被赏罚的人，

他还要通过这些对那些未被赏罚的人施加他所需要的影响。可以说，赏与罚在此已不是目的，而是手段了。由于高祖刚刚得到天下，屡次依据自己的爱憎来进行赏罚，有时候就会有损于公平，群臣因此往往心存抱怨或感到被猜疑而惊恐不安。此时，张良及时建议高祖先行封赏与自己素有旧怨的雍齿，这样，便使在上者无偏袒私情的过失，在下者无猜疑恐惧的念头，国家的忧患得以消除。

假传圣旨灭郅支

西汉中期，匈奴郅支单于虽远徙康居，但仍恃强攻掠西域诸国。西域都护府副校尉陈汤深以为虑，力促校尉甘延寿出兵进击，甘延寿犹豫不决。陈汤为不失战机，乃假传圣旨，调兵四万余人，于公元前 36 年秋，同甘延寿分兵两路围攻郅支城。汉军四面强攻，连破三重城郭，并击退康居万余援兵，杀郅支单于，歼敌两千六百余人。

最初，郅支单于自以为匈奴汗国是一个大国，威名远扬，颇受别国尊重，又趁军事胜利而十分骄傲蛮横。郅支侮辱汉朝使节，不肯接受汉朝皇帝的诏书，只是通过西域都护上书，说："居住的地方环境艰苦，愿意归顺强大的汉朝。"

陈汤为人沉着勇敢，能深思熟虑，富有计策谋略，渴望建立雄伟的功勋。他向甘延寿建议说："边境各族畏惧匈奴，这是天性。西域各国，本来都属匈奴管辖，而今郅支单于的威名传播很远，不断侵略乌孙王国和大宛王国，经常给康居王国出谋划策，企图使乌孙、大宛投降归顺。如果把这两国征服，只要几年时间，西域城邦国家都会陷于危险的境地。郅支单于性情剽悍，喜好战争，不断取得胜利。日子一久，必将成为西域的灾难。虽然他现在地处遥远，幸而他们没有坚固的城堡和强劲的弓弩，无法固守。我们如果征发屯田的军队，并率领乌孙王国的军队，一直挺进到他的城堡之下，他要逃没有地方可逃，要守则兵力不足以自保，千载难逢的功业可以在一个早上完成。”他们部署、集结汉朝和西域多国兵力，共有四万余人。随后，甘延寿、陈汤上奏章自我弹劾假传圣旨之罪，陈述之所以如此做的理由。发出奏章的当天，大军按虚假圣旨的命令出发，分成六路纵队，其中三路纵队沿南道越过葱岭，穿过大宛王国。另三路纵队，由都护甘延寿亲自率领，从温宿国出发，由北道经乌孙王国首府赤谷城，穿过乌孙王国，进入康居王国边界，挺进到阗池西岸。陈汤沿路捕获康居副王的亲属及一些贵族，经过解释，他们愿做向导，并将郅支的情况作了详细介绍。大军继续挺进，在距新筑的单于城约六十里处，安营扎寨。第二天，大军继续挺进，距单于城三十里处扎营。

郅支单于派使节前来询问：“汉朝军队到这里来的目的何在?”汉军的官员回答说：“你们单于曾经上书汉朝皇帝，

说：‘居住环境困苦，愿意归降强大的汉朝，亲自到长安朝见。’皇帝怜悯单于放弃幅员广大的国土，委屈地住在康居，所以派遣都护将军，率军前来迎接单于及其妻子儿女。恐怕单于的左右惊动，所以没有直接到达城下。”

次日，大军挺进到都赖水畔，在距单于城三里外扎营，构筑阵地，遥望单于城上，五色旗帜迎风飘扬，数百匈奴人披甲戴胄，登上城楼守备。甘延寿、陈汤下令总攻：“听到鼓声，就直扑城下，四面包围，各军记住所分配的位置，开凿洞穴，堵塞射击孔。盾牌在前，戟弩在后，仰射城楼上的守军。”攻击开始，城楼上的匈奴守军退下逃走。土城之外，还有由两层木樯构成的重木城。匈奴人从木城射击，使汉朝远征军多有伤亡。汉军以薪纵火，焚烧木城。入夜，匈奴守军骑兵数百名突围，汉军予以迎头痛击，箭如雨下，全部歼灭。

当初，郅支单于听说汉朝军队到达，打算离开此城。但他怀疑康居王与汉朝勾结，里应外合，又听说乌孙王国等西域各国都派出军队，自以为无处可以投奔。所以，已逃出单于城的他又返回城中，说：“不如坚守。汉朝军队远征万里，不可能持久进攻。”于是，郅支单于全身披甲，在城楼上指挥作战。汉朝军队推举盾牌，从四面同时冲入城中。郅支单于率匈奴男女一百余人逃入王宫，汉朝军队纵火焚烧王宫，官兵争先冲入，郅支单于身受重伤而死。

平定郅支之乱这一仗，汉军共计杀死郅支单于的妻妾、太子、各王以下一千五百余人，俘虏敌兵一千余人。缴获的战利品大部分赐给参战的西域各国的十五个大王。汉军班师回京后，郅支单于的头颅被悬挂在蒿街，以此显示，在万里之外公然违抗汉朝的，即使地处遥远，也一定会受到惩罚。“犯强汉者，虽远必诛”，陈汤这句豪言壮语也成了千古名言。

吴汉灭公孙述

王莽末年，天下纷扰，群雄竞起，其中，公孙述自称辅汉将军兼领益州牧，以蜀地之物资精练兵卒，四方士庶归附日众，乃自立为帝，国号“成家”。光武帝刘秀数遣使劝喻归顺，公孙述怒而不从。公元 35 年，汉廷乃派兵征讨，被公孙述击退。次年，复命大司马吴汉举兵来伐，攻破成都，纵兵大掠，尽诛公孙氏，“成家”为东汉所亡。

公元 35 年，光武帝刘秀劝降公孙述不成，命令吴汉率军前去讨伐。吴汉从夷陵出发，率领三万军队逆长江而上，一路上接连打败公孙述军。次年正月，刘秀下令，让吴汉直接夺取广都，占据敌人的心腹地带。吴汉于是进军广都，占领该地，又派遣轻骑兵烧毁成都市桥。公孙述手下将领十分恐惧，不断有人逃离叛变。尽管公孙述诛杀了叛离逃亡将领的全家，还是不能阻止部下叛逃。刘秀希望公孙述投降，又

一次下诏说："现在投降，家族就可以保全。诏书和亲笔信，不可能屡屡得到。"公孙述再次拒绝。

刘秀告诫吴汉说："成都有十余万大军，不可轻视。只可坚守广都，等待敌人来攻，千万不要和敌人一争高下。如果敌人不敢来攻，你就移动军营逼迫他们，等到敌人筋疲力竭，才可发起攻击。"而吴汉却趁着胜利，自己率领步、骑兵两万人进逼成都，离城十余里，隔江在北岸扎营，架浮桥，命副将武威将军刘尚率领一万余人在江南屯兵，军营相隔二十余里。刘秀听说后十分震惊，责令吴汉火速率军返回广都。诏书还未到达，已进入九月。公孙述派大司徒谢丰、执金吾袁吉率领军队十万人，分成二十余营，攻打吴汉；另派其他将领率领一万余人牵制刘尚，使他不能救援。吴汉大战了一整天，兵败，退回到营垒，谢丰趁机包围。这时，吴汉才执行光武帝旨意，犒劳士兵，喂饱战马，关闭营门，三天不出，并多多竖立旌旗，使烟火不断。入夜，吴汉悄悄率领军队与刘尚会合，谢丰军没有发觉。第二天，谢丰兵分两路，一路在江北据守，自己率另一路进攻江南。吴汉投入所有兵力迎战，结果大败敌军，斩杀谢丰、袁吉。自此，东汉大军终于进入成都外城。

公孙述危困窘迫，对延岑说："现在应当怎么办？"延岑说："男子汉应当死里逃生，怎么能坐着等死？财物容易聚敛，不应爱惜。"于是，公孙述散发所有的黄金、绢帛，招募敢死队五千余人分配给延岑。延岑在成都市桥先布疑阵，树立旌旗，擂鼓向东汉军队挑战。同时悄悄派出奇兵绕到吴汉军队的后面，大败吴汉军。吴汉坠马落水，抓着马尾才脱离险境。吴汉的军队只剩下七天用的粮草，遂秘密准备战船，打算撤退。蜀郡太守南阳人张堪听说以后，火速前往求见吴汉，陈述公孙述必然灭亡、不应退军的策略。吴汉接受他的意见，于是故意示弱，挑动敌人出战。后来，公孙述亲自率领几万人进攻吴汉，吴汉派护军高午、唐邯率领精锐部队几万人迎击公孙述，公孙述的军队大乱。高午冲到阵前，刺击公孙述。公孙述胸口被刺穿，摔下战马，身边的人把他抬进城里。公孙述把军队交给延岑，当夜就因重伤而亡。第二天，延岑献城投降。吴汉焚烧了公孙述的宫室，诛杀了公孙述的妻儿，将公孙氏宗族全部诛灭。

班超出使西域

公元 73 年，班超随奉车都尉窦固出击匈奴，窦固奏请明帝派遣班超出使西域，明帝准奏。班超先到鄯善，使鄯善首先归汉。接着，他又马不停蹄出使于阗、疏勒，镇服两国，并粉碎了受匈奴指使的焉耆、龟兹两国的进攻，恢复了西域与汉朝中断了六十五年的友好关系。

公元 73 年，窦固派副司马班超和从事郭恂一同出使西域。班超到达鄯善国时，鄯善王用十分尊敬周到的礼节接待他，但后来忽然变得疏远懈怠了。班超对他的部下说："你们可曾觉出鄯善王的态度冷淡了吗?"部下说："胡人行事无常，并没有别的原因。"班超说："这一定是因为有北匈奴的使者前来，而鄯善王心里犹豫，不知所从。明眼人能够在事情未发生前看出端倪，何况事情已显著暴露！"于是，他招来胡人侍者，假装已知实情，说："匈奴使者来了几天，如今在什么地方?"胡人侍者慌忙答道："已经来了三天，离此地三十里。"于是，班超就把胡人侍者关起来，召集全体属员，共三十六人，和他们一同饮酒。饮到酣畅之时，班超借酒激怒众人说："你们和我同在绝远荒域，如今北匈奴使者才来了几天，而鄯善王就已不讲礼节了，若是使者命令鄯善王把我们抓起来送给匈奴，那么我们的骨头就要永远喂给豺狼了。我们应该怎么办?"部下一致回答："如今身处危亡之地，我们愿跟随司马同生共死！"班超说："不入虎穴，焉得虎子。如今可行的办法，只有乘夜用火进攻匈奴人，对方不知我们到底有多少人马，必定大为惊恐，这样便可将他们一网打尽。除掉了北匈奴使者，那么鄯善人就会胆战心惊，我们便成功了。"众人说："应当和从事商议此事。"班超生气地说："命运的吉凶就在今天决定，而从事不过是平庸的文吏，听到我们的打算定会害怕，计谋便要泄露，到那时候，我们就死无葬身之地了。"众人说："好！"

入夜，班超便带领部下奔向北匈奴使者的营地。当时正

刮着大风，班超命令十人拿鼓，躲到匈奴人的帐房后面，相约道："看见火起，就要一齐擂鼓呐喊。"其余的人全都手持刀剑弓弩，埋伏在帐门两侧。于是，班超顺风放火，大火一起，帐房前后鼓声齐鸣，杀声震耳。匈奴人惊慌失措，一时大乱。班超亲手格杀三人，下属官兵斩杀北匈奴使者及其随从共三十余人，其余约一百人全部被火烧死。班超等人次日返回，将事情的经过告诉了郭恂。郭恂大为震惊，接着神色一变。班超明白了他的意思，举手声称："从事虽然没有前去参与行动，可班超怎有心一人居功!"郭恂这才大喜。于是，班超叫来鄯善王，给他看匈奴使者的首级，鄯善王极为惊恐。班超将汉朝的国威和恩德告诉鄯善王，并说："从今以后，不要再同北匈奴来往。"鄯善王叩头声称："我愿臣属汉朝，绝无二心。"于是，将王子送到汉朝充当人质。班超归来后，向窦固讲述了出使经过，窦固十分高兴，将班超的功劳一一上报，并请求重新选派使者出使西域。明帝说："有班超这样的官员，为什么不派遣，而要另选他人呢?就任命班超为军司马，让他完成先前的功业。"

窦固又让班超出使于阗国，想为他增加随行兵马，但班超只愿带领原来跟从的三十六人。他说："于阗是个大国，道路遥远，如今率领几百人前往，无益于显示强大。而如有不测之事发生，人多反而成为累赘。"当时，于阗王广德称雄于西域南道，但该国仍受匈奴使者的监护。班超到达于阗后，广德待他十分疏淡。于阗又有信巫之俗，而巫师声称："神已发怒，问我们为何要倾向汉朝？汉朝的使者有一匹黑唇黄马，快去找来给我做祭品！"于是，广德派宰相私来比向班超索求赠马。班超暗中获知底细，便答应此事，但要巫师亲自前来取马。不久，巫师来了，班超便立刻将他斩首，并逮捕了私来比，痛打数百皮鞭。班超将巫师的首级送给广德，借机对他进行谴责。广德早已听说过班超在鄯善斩杀北匈奴使者之事，大为惊恐，当下便杀死匈奴使者投降。班超重赏于阗王及其大臣，就此镇服于阗。于是，西域各国全都派出王子到汉朝做人质。西域与汉朝的关系曾中断了六十五年，至此才恢复交往。

班超决心长期留驻西域。从公元 87 年起，班超又陆续平定了莎车等国的叛乱，击退了大月氏王朝七万人的进攻，保护了西域南道各国的安全，维护了"丝绸之路"的畅通。公元 91 年至公元 94 年，龟兹、姑墨、温宿、焉耆、尉犁、危须等国先后臣服归汉，西域大小五十国全部归附，西域从此安定，匈奴不敢南下。班超在西域三十二年，纵横捭阖，使西域与内地联为一体，为中华民族的基业立下了丰功伟绩。

司马氏政变诛曹爽

魏主曹睿临危托孤曹爽、司马懿，让二人辅佐年仅八岁的幼子曹芳。为争权，曹爽和司马懿明争暗斗，昏庸的曹爽当然不是奸猾的司马懿的对手，结果落得灭族之祸。而曹魏政权也就此落入司马氏的手里。

大将军曹爽骄奢无度，饮食衣物与皇帝相同，珍宝玩物亦堆积如山，他还私自留用明帝的宫中女官做歌舞乐妓。他掘开地面建造地下宫室，在四周雕饰了华丽的花纹，并经常与他的党羽何晏等人在里面饮酒作乐。他的弟弟曹羲深为忧虑，多次哭泣着劝阻他别再这样做，但曹爽不听。曹爽兄弟几个经常一起出去游玩，司农、沛国人桓范对他说："您总理万机，掌管城内禁兵，弟兄们不宜同时出城，如果有人关闭城门，又有谁在城内接应呢?"曹爽说："谁敢这样做!"

公元 248 年冬，河南令尹李胜出任荆州刺史，到太傅司马懿家去辞行。司马懿让两个婢女侍奉着出来接见。婢女给他更衣，他却把衣服丢在地上；指着嘴说口渴，婢女端来了粥，司马懿拿不动碗，就由婢女端着喝，粥从嘴边流出，沾满了前胸。李胜说："大家都说您的中风病旧病复发，没想到您的身体竟这样糟糕!"司马懿气喘吁吁地说："我年老体弱卧病不起，不久就要死了。你屈就并州刺史，并州靠近胡地，要加强戒备。恐怕我们不能再见面了，我把我的儿子司马师和司马昭兄弟二人托付给你。"李胜说："我是回去做愧居家乡的州官，不是并州。"司马懿装聋作哑，故意听错他的话说："你刚刚到过并州?"李胜又说："是愧居荆州。"司马懿说："我年老耳聋思绪迷乱，没听明白你的话。

如今你回到家乡，正好轰轰烈烈地大展德才，建立功勋。”李胜告退后，禀告曹爽说：“司马公只是比死人多一口气，形体与精神已经分离，离死不远，不足以忧虑了。”过了几天，他又流着泪向曹爽等人说：“太傅的病体不能再复原了，实在令人悲伤。”因此，曹爽等人不再对司马懿加以戒备。

公元249年年初，魏帝祭扫高平陵，大将军曹爽和他的弟弟中领军曹羲、武卫将军曹训、散骑常侍曹彦等都随侍同行。太傅司马懿以皇太后名义下令，关闭了各个城门，率兵占据了武库，并派兵出城据守洛水浮桥；命令司徒高柔持节代理大将军职事，占据曹爽营地；太仆王观代理中领军职事，占据曹羲营地。然后向魏帝禀奏曹爽的罪行。曹爽得到司马懿的奏章，没有通报魏帝，他把魏帝车驾留宿于伊水之南，伐木构筑了防卫工事，并调遣了数千名屯田兵士为护卫。司马懿派遣侍中、高阳人许允和尚书陈泰去劝说曹爽，告诉他应该尽早归降认罪；又派曹爽所信任的殿中校尉尹大目去告诉曹爽，只是免去他的官职而已，并指着洛水发了誓。

这时，有智囊之称的桓范从洛阳城逃出，赴魏帝车骑效命。桓范到了之后，劝说曹爽兄弟把天子挟持到许昌，然后调集四方兵力辅助自己。然而曹羲兄弟却默然不动，从初夜一直坐到五更。曹爽最后把刀扔在地上说：“即使投降，我仍然不失为富贵人家！”桓范悲痛地哭泣道：“曹子丹这样有才能的人，却生下你们这群如猪如牛的兄弟！没想到今日受你们的连累要灭族了。”曹爽向魏帝通报了司马懿上奏的事，告诉魏帝下诏书免除自己的官职，并侍奉魏帝回宫。曹爽兄弟回家以后，司马懿派遣洛阳的兵马包围了曹府并日夜看守；府宅的四角搭起了高楼，楼上时刻有人监视曹爽兄弟的举动。曹爽若是挟着弹弓到后园去，楼上的人就高声叫喊：“故大将军向东南去了。”对此，曹爽愁闷不已，不知如何是好。

正月初十，有关部门奏告“黄门张当私自把选择的才人送给曹爽，怀疑他们之间隐有奸谋。”于是逮捕了张当，交廷尉讯问查实。张当交代说：“曹爽与尚书何晏、丁谧，司隶校尉毕轨，荆州刺史李胜等人阴谋反叛，等到三月中旬起事。”于是，司马懿把曹爽、曹羲、曹训、何晏、丁谧、毕轨、李胜以及桓范等人都逮捕入狱，以大逆不道罪劾奏朝廷，并与张当一起都被诛灭三族。

羊祜以德服人

羊祜，西晋大臣，字叔子，西晋初年以尚书左仆射都督荆州诸军事，在位十年，开屯田，储军粮，在积极准备伐吴的同时，努力与吴将互通使节，各守边界。羊祜平时勤政爱民，深得民心，去世后，襄阳百姓为他建碑立庙，人称堕泪碑。

晋武帝司马炎想要消灭吴国。公元269年，司马炎任命尚书左仆射羊祜统领荆州各军事，镇守襄阳；任命征东大将军卫瓘统领青州各军事，镇守临菑；任命镇东大将军、东莞王司马伷统领徐州各军事，镇守下邳。羊祜对远近百姓都安抚关切，在江、汉地区深得人心。他与吴人开诚布公讲信用，投降的吴人想离开，都听从他们的心愿。羊祜裁减守边、巡逻的士兵，让他们开垦了八百多顷农田。他刚到那里的时候，军队的粮食不足以维持百日，等到了后期，已经有了足够吃十年的积粮。羊祜在军中，时常穿着轻暖的裘皮衣服，衣带宽松，不披挂铠甲。他居住的地方，侍卫也不过十几人。

公元272年，羊祜去江陵接应东吴投降的步阐，没有成功，被贬为平南将军。回来以后，他致力于修明德信，以使吴人归顺。每次与吴国交战，都要约定日期才开战，不做乘其不备、突然袭击的打算。将帅当中有要献诡诈计谋的人，羊祜总是给他喝醇厚的美酒，使他酒醉不能说话。羊祜的军队外出在吴境内行走，割当地人谷子做口粮，全都记下所取的数量，然后送去绢偿还。每次与部众在长江、沔水一带打猎，经常只限于晋的领地，如果禽兽先为吴人所伤而后为晋兵所得，都要送还吴人。久之，吴国边境的百姓对羊祜心悦诚服。羊祜与陆抗边境相对，双方的使者常奉命相互来往，陆抗送给羊祜的酒，羊祜喝起来从不生疑；陆抗病了，向羊祜求药，羊祜把成药送给他，陆抗也马上就服下。许多人谏阻陆抗，陆抗说："怎么会有用毒药杀人的羊祜？"陆抗对守边的士兵说："别人专门行恩惠，我们专门作恶，这就等于不战而自己就屈服了。现在双方各自保住疆界就可以了，我们不要再想占小便宜。"吴主听说双方边境交往和谐，就以此事责难陆抗，陆抗说："一邑一乡都不可以不讲信义，更何况大国呢！我如果不这样做，正是显扬了羊祜的恩惠，对羊祜毫无损伤。"

羊祜不攀附结交朝廷中的权贵，荀勖、冯之徒都憎恨他。羊祜的堂外甥王衍曾经去羊祜那里陈述事情，言辞非常清晰明辨；羊祜对他并不赞赏，王衍拂衣而去。羊祜回过头对宾客们说："王衍应当能以极大的名声达到高位，然而败坏风俗、损伤教化的也必定是他。"等到攻打江陵时，羊祜曾依军法要斩王蓉。王衍是王蓉的堂弟，所以两人都怨恨羊祜，言谈之间经常诽谤羊祜。当时的人为此有句话说："二王执掌朝政，羊公一无是处。"

公元278年，羊祜因病请求入朝觐见司马炎，到了以后，司马炎让他乘坐车子上殿，不用朝拜直接就座。羊祜向司马炎当面陈述攻取东吴的计划，司马炎非常赞赏。因为羊祜生病，不方便经常进宫，司马炎就派中书令张华去羊祜那里询问计策。羊祜说："孙皓暴虐到了极点，现在可以不战

而胜。如果孙皓不幸死了，吴人再立一个贤明的君主，那么我们虽然有百万大军，长江以外也不是我们可以觊觎的，将会成为后患啊！”张华非常赞同他的话。羊祜说：“成就我理想的人，就是你啊！”

公元 279 年，羊祜生病去世，司马炎痛哭不已。那一天，天气非常寒冷，司马炎的眼泪流到胡须上都结成了冰。荆州的百姓听到羊祜去世，也停止买卖，街巷里哭声一片。东吴戍守边界的士兵也都为他哭泣。羊祜喜欢到岘山游玩，襄阳人就为他在岘山建碑立庙，每逢时节就去祭祀他。看到这块石碑的人没有不流泪的，所以人们叫它“堕泪碑”。

羊祜是晋国著名的军事家，他深知“得人心者昌，失人心者亡”这个真理。羊祜施德于吴民，而吴主孙皓对吴民暴虐日甚，后来为晋所灭是意料中事。羊祜虽因病逝来不及伐吴，但其施德于吴人的战略思想，为其推荐的杜豫所继承，因而使吴人纷纷不战而降。羊祜是三国乃至中国历史上难得出现的人物，他光明磊落，体恤百姓，尊重对手，明察时势，善荐人才，实为一代人杰。

陆抗虎父无犬子

陆抗是三国后期吴国名将。陆抗治军严谨，指挥随机应变，主张戍边以德，争取人心，功高而谦逊，后人评其有父风。公元 272 年，西陵督步阐叛降西晋，陆抗率兵平叛，采取围而不攻的战术。西晋名将羊祜率军进攻江陵，意解西陵之围。陆抗识破敌军意图，据理说服众将，继续围困西陵，并派人令江陵都督固守，令公安都督率部巡长江南岸抵御羊祜水师。羊祜只得退兵，陆抗一举攻克西陵，斩步阐等叛将。

陆抗是陆逊的儿子，孙策的外孙。陆逊的长子早夭，所以陆逊死后由陆抗袭爵。公元272年，东吴西陵督步阐占据西陵向晋投降。当时，陆抗担任镇军大将军，西陵正在他的管辖区内，于是马上派将军左奕、吾彦等前去讨伐。

晋武帝派荆州刺史杨肇到西陵迎接步阐，车骑将军羊祜统率步兵进攻江陵，巴东军徐胤率水军攻打建平救援步阐。陆抗命令西陵各军筑造高峻的围墙，从赤溪一直到故市，内可用来围困步阐，外可以抵御晋兵。陆抗三令五申地催逼筑围，就好像敌人已经来到眼前，众将士为此异常劳苦。诸位将官进谏说："当前应乘三军的锐气，急速攻打步阐，等晋的救兵到来，必定已克西陵，何必去筑围事，使士兵、百姓的气力都疲惫不堪呢?"陆抗说："西陵城所处的地势已是很稳固了，粮谷又充足，况且所有守备防御的设施、器具，都是我早先在西陵任职时所设置准备的，现在反过来攻打它，不可能很快取胜。晋兵到来而我们没有防备，内外受敌，靠什么来抵御?"诸将都想攻打步阐，陆抗想使众人心服，就听任他们去试一试，果然没有得到好处，于是开始齐

心协力筑围防守。这时，羊祜的五万兵马到了江陵。诸位将官都认为陆抗不适宜去西陵，陆抗说："江陵城坚固，兵员足，没有什么可担忧的。假如敌人得到了江陵，必然守不住，我们的损失小。如果晋兵占据了西陵，那么南山的众多夷人都会骚乱动摇，这样的话，祸患就不可估量了！"于是，亲自率领部众奔赴西陵。

当初，陆抗因江陵以北道路平坦开阔，命令江陵督张咸兴造大坝阻断水流，浸润平地以断绝敌人侵犯和内部叛乱。羊祜想借大坝阻住的水用船运送粮草，就故意扬言要破坝以使步兵通过。陆抗听到这个消息，让张咸急速毁坏大坝，诸将都迷惑不解，多次谏阻陆抗也不听。结果羊祜到了当阳，听说大坝已毁，只好改用车子运粮，耗费了许多人力和时间。

十一月，晋朝杨肇到达西陵。陆抗命令公安督孙遵沿着南岸抵御羊祜，水军督留虑抵御徐胤，陆抗亲自率领大军凭借长围与杨肇对峙。将军朱乔营中的都督俞赞逃到了杨肇那里。陆抗说："俞赞是军队中的旧官吏，了解我军虚实。我常常担心夷兵平时的训练不够，敌人如果围攻，必定先打夷兵防守的地方。"于是，当夜更换夷兵，全都用精兵把守。第二天，杨肇果然攻打原来夷兵防守的地方，陆抗下令反击，箭与石块像下雨一样袭来，杨肇的部众死伤不断。十二月，杨肇无计可施，夜里逃走了。陆抗想追杨肇，又担心步阐一直积蓄力量，窥伺时机，自己的兵力不足以分开对付两

头，就只擂鼓警戒部众，做出要追赶的样子来。杨肇的部众恐惧骚动，全都丢弃铠甲脱身而逃。陆抗派轻骑兵紧追不舍，杨肇大败，羊祜等人领兵而还。陆抗于是攻克西陵，杀死步阐以及与他同谋的将吏共几十人，全都夷灭三族，并上书请求对余下几万人赦免。

功成之后，陆抗返回东边的乐乡，脸上没有骄傲、自负的神色，还像以往一样谦虚，吴主加封陆抗为都护。

引蛇出洞破统万

公元427年，夏主赫连昌命将率众两万攻长安。四月，夏军在长安与北魏奚斤军相峙。北魏主拓跋焘乘夏军主力在外，乘虚率军进攻夏都统万。为了攻取夏都，拓跋焘把精兵埋伏于统万附近的山谷，而以少数兵力至城下挑战。夏军坚守不出。接着，北魏军退军示弱，诱骗夏军出击。结果，夏军被北魏伏兵打得大败。

北魏司空奚斤与夏国平原公赫连定在长安对峙。北魏太武帝拓跋焘想趁夏国后方空虚，进攻夏国的都城统万。于是厉兵秣马，部署将领。公元427年夏，拓跋焘从平城出发，命令龙骧将军陆俟统率留在北方的各支部队，镇守大碛，防备柔然汗国的进攻。

这一年五月初九，北魏国主拓跋焘抵达拔邻山，在那里修筑城堡，留下辎重，然后率领轻骑兵三万人，加速先行进

发。朝中随行的文武官员都劝阻他说："统万城十分坚固，不是一日之内就可以攻克的。如今您率领轻装部队去讨伐，恐怕一时不能攻破，想要退回又没有粮饷及其他军用物资，不如与步兵一道，携带攻城械具进攻统万。"拓跋焘说："用兵的策略，攻城是最下策；非到万不得已，不可使用。现在我们如果以步兵携攻城械具一起开进，敌人见状，一定会恐惧并坚守城池。如果我们不能按时攻下，粮食吃完，兵士疲劳，城外又没什么可以抢夺的，那时我们就会进退不得，陷入窘境。不如先用骑兵长驱直抵统万城下，敌人见到我们的步兵没有来，一定不太在意。我们再故意装出羸弱不堪的样子，引诱他们出击，他们如果出城迎战，就会被我们生擒。我们的将士离家两千余里，又隔着一条黄河，这就是所谓'置之死地而后生'啊！三万人的轻骑兵，攻城自然不够，但用来决战，却绰绰有余。"

于是率军出发，抵达统万，分出大批兵力埋伏在山谷里，只派少数部队进军至城下。夏国的大将狄子玉投降北魏，报告拓跋焘说："夏王赫连昌听说北魏大军将至，就征召平原公赫连定军返回。赫连定说：'统万城十分坚固，不容易被攻破，等我擒获奚斤，再赶赴统万，内外夹击，一定可以成功。'所以赫连昌决定坚守，等待赫连定。"拓跋焘听到后，非常担心，于是撤退示弱。又派遣娥清和永昌王拓跋健率领骑兵五千人到西边抢掠百姓。

北魏军队里有士兵因为犯罪逃走，投降夏军，说魏军的粮草已经用尽，士兵们每天只吃野菜，辎重补给还在后面，步兵也还没到达，应该趁机迅速进攻。赫连昌听从了。六月初二日，赫连昌亲自率领步兵、骑兵共三万人出城。北魏的大臣司徒长孙翰等人都说："夏国的骑、步兵的阵势难以攻破，我们应该避开敌军的锋锐。"拓跋焘说："我们远道而来，就是要引诱敌人出城，唯恐他们不出。现在他们既然出城了，我们却避而不打，只能使敌人士气旺盛，我们却被削弱，这不是用兵的好计策！"于是，命令部队集结假装逃走，引诱敌人追赶，使他们疲惫。夏国的军队兵分两路，左右追击包抄，鼓声震天，追了五六里路，就赶上大风从东南而来，漫漫尘沙，遮天蔽日。拓跋焘把骑兵分作两队，牵制敌军。战斗中，拓跋焘因坐骑失蹄摔倒，掉下马来，险些被夏国的军卒抓获。拓跋齐用自己的身体护卫遮挡敌人对拓跋焘的进攻，拼死战斗，夏国围攻的士兵才被击退。北魏国主拓跋焘趁此机会，翻身跳上马背，杀死敌人骑兵十多个人，自己也被流箭射中，但他仍然奋力杀敌，苦战不休，夏国的部队完全崩溃。初三日，北魏国主拓跋焘进入统万城，俘虏夏国的亲王、公爵、高级文官、军事将领以及赫连昌的太后、太妃、皇后、嫔妃、姐妹、宫女等数万人；还缴获马匹、牛羊无数，国库中的珍宝、车辆、旌旗，各种精美的器物，多得不可胜数，拓跋焘把它们按等级分别赏赐给自己的将士。

檀道济以沙充粮全身而退

公元431年，刘宋征南大将军檀道济等人出兵救援滑台，与魏军交战三十多次，大多取胜。魏军焚烧了刘宋军的粮草，刘宋军不能前行。檀道济使用巧计迷惑了魏军，使自己得以全身而退。

这一年的正月十五日，刘宋大将檀道济等从清水出兵，救援被北魏军围攻的滑台。北魏叔孙建、长孙道生率军抵抗。十六日，檀道济的军队抵达寿张，与北魏的军队相遇。

檀道济率领部下奋勇抗击魏军，大破北魏军队。二月，檀道济的军队开进济水，二十多天的时间里，先后与魏军交战三十多次，而檀道济多半取胜。刘宋军开到历城，北魏叔孙建等派遣轻骑兵往来截击，出没在大军的前前后后，还纵火焚烧了刘宋军的粮草。檀道济因为军中缺粮，不能前进。所以北魏冠军将军安颉、安南大将军司马楚之等能够以全部力量进攻滑台。拓跋焘又派楚兵将军王慧龙增援。刘宋滑台守将朱修之坚守滑台已有几个月之久，城中粮食吃光了，士卒们用烟熏出老鼠，烤熟吃掉。檀道济的大军因为粮尽，只好从历城撤军。军中有逃走投降北魏军的士卒，把刘宋军的困难境遇一一报告给北魏军。于是，北魏军趁机追击刘宋军，刘宋军军心涣散，人人自危，马上就要溃散。

就在这紧要关头，檀道济利用夜色的掩护，命令士卒把

沙子当作粮食，一斗一斗地量，而且边量边大声地念出数字，然后用军中仅剩的一点儿谷米覆在沙子上。第二天早晨，北魏看到这种情况，以为檀道济军中的粮食还很充裕，就给那个降卒定了欺诈之罪杀掉了。到了天色发白，檀道济命令将士戴盔披甲，自己穿着便服，乘着一辆马车，大模大样地沿着大路向南转移。魏将被檀道济打败过多次，本来对刘宋军有点害怕，再看到刘宋军从容不迫地撤退，怀疑他们又在哪儿设下了伏兵，不敢追击。檀道济靠他的镇静和智谋，保全了刘宋军，使刘宋军安全地回师。以后，北魏也不敢轻易进攻刘宋朝。

檀道济在刘裕朝功绩显著，名声很大。他左右的心腹都身经百战，几个儿子也很有才气，朝廷对他既猜疑又畏惧。公元436年，文帝刘义隆病了很久都没有好转，将军刘湛劝司徒刘义康，认为皇上万一去世，就再也控制不住檀道济了。正好刘义隆的病情加重，刘义康劝刘义隆召檀道济入京。檀道济的妻子向氏对他说："臣子的功勋超过世人，自古以来都被猜疑。现在朝廷没有什么事情却召你入京，一定有灾祸将要降临了。"檀道济到建康后，在京城留了一个多月。刘义隆的病情稍有起色，就送他回去。已经到了码头，还没有出发，刘义隆的病情又突然加重，刘义康假称是皇帝的诏令，召檀道济回去为他饯行，趁机把他抓了起来。

三月初八日，刘义隆下诏，说："檀道济偷偷散发财物，

召集地痞流氓，趁朕病重，图谋不轨。”然后把檀道济交付廷尉，不久，将他和他的儿子、给事黄门侍郎檀植等十一人，一起诛杀，只宽恕了他年幼的孙子。又杀了司空参军薛彤、高进之，这二人都是檀道济的心腹，勇猛善战，当时的人都把他们比作关羽、张飞。

檀道济被捕的时候，极度愤怒，目光灼灼，像火炬一样。他脱下头巾扔在地上，说：“竟然毁坏自己的万里长城!”北魏人听说檀道济被杀的消息，高兴地说：“檀道济死了，江南那帮小子就没有什么可怕的了。”后来，宋文帝也很后悔。有一次，北魏的大军打到江北的瓜步（今江苏六合）。宋文帝在健康的石头城上瞭望远处，感慨地说：“如果檀道济还活着，断不会让胡骑横行到这个地步。”

孝文帝迁都洛阳

北魏孝文帝拓跋宏为献文帝拓跋弘之长子，公元 471 年即位登基。公元 493 年，孝文帝决定把都城由平城迁到洛阳，遭到守旧势力的一致反对，于是孝文帝就亲自导演并主演了一出引人入胜的戏剧。

孝文帝因为平城气候寒冷，而且经常狂风大作，飞沙漫天，所以准备把京都迁到洛阳，但又担心文武官员们不同意，于是提议大规模进攻南齐。

孝文帝召见尚书任城王拓跋澄，对他说：“我准备要做的这件事，确实是很不容易的。平城只是适合武力开疆拓土的地方，而不适宜进行治理教化。现在，我打算进行风俗习惯的重大变革，想利用大军南下征伐的声势，将京都迁到中原，你认为怎么样?”拓跋澄说：“陛下您打算把京都迁到中原，用以扩大疆土，征服四海，这也正是以前周王朝和汉王朝兴盛不衰的原因。”孝文帝说：“北方人习惯留恋于旧有的生活方式，到那时，他们一定会惊恐骚动起来，我应怎么办?”拓跋澄回答说：“不平凡的事，原本就不是平凡的人能做得了的。”孝文帝高兴地说：“任城王真是我的张子房呀!”

公元493年，孝文帝亲自率领步兵、骑兵三十多万，从平城出发南下。部队到达洛阳时正是秋雨连绵的时节，道路泥泞，行军十分困难。但是孝文帝仍旧戴盔披甲骑马出城，下令继续进军。文武百官拦住马头叩拜，谏阻南征。拓跋宏说：“朝廷大计，已经决定，大军将继续前进，你们还要说什么?”尚书李冲等说：“这次南征行动，天下人都不愿意，只有陛下想这样做。我们有自己的想法，却无法表达出来，所以只有冒死请求。”拓跋宏大怒说：“我正在计划统一天下，而你们这些书生多次怀疑国家大计，不要再说了!”说完，扬鞭策马，就要出发。安定王拓跋休等人围住了拓跋宏，仍然流着眼泪恳切地劝谏。拓跋宏对众臣说：“这次发动大军南征，声势不小，可是发动了却没有成效，拿什么向

后人交代？我们世世代代住在幽州及北方地带，一直希望南迁中原。如果要我不南征，就应当把京都迁到洛阳，各位王公以为如何？愿意迁都的站在左边，不愿意迁都的站在右边。”南安王拓跋祯进言说：“自古成就大事业的人，办事不同群众商量，而今陛下如果停止南征，迁都洛阳，这是我们的愿望，也是百姓之福。”文武官员都高呼万岁。迁都洛阳的大计，终于确定下来了。

拓跋宏因为文武官员对迁都的事意见并不一致，就问镇南将军于烈：“你的意见如何？”于烈说：“陛下圣明，计划深远，不是愚昧和目光短浅的人所能看到的。但我心中计算，拥护迁都和怀恋故土的人，正好各占一半。”拓跋宏说：“你既然不唱反调，就是拥护。我感谢你不唱反调对我的帮助。”于是派他回平城留守，并对他说：“留守平城的一切事务，都委托给你了！”任城王拓跋澄返回平城，向留城的官员宣布迁都的消息。大家突然听到这一消息，都震惊不安，后经拓跋澄反复开导，才豁然开朗，欣然接受迁都的决策。

公元494年，拓跋宏亲自到祖庙祭拜祖先，命高阳王拓跋雍、镇南将军于烈，恭恭敬敬地捧着皇家神主迁往洛阳，十月十日从平城出发，十一月，拓跋宏抵达洛阳。

如果孝文帝直接提出迁都大计，肯定阻力重重，难以有所作为。但他没有硬来，而是迂回出击，先使出一招南征之计，然后再亮出底牌，让人无法反对。孝文帝计谋的成功，是他深谙人的心理使然。

郭子仪收复长安雪国耻

郭子仪是唐代著名的军事家，安史之乱时任朔方节度使，在河北打败史思明。后借回纥兵收复洛阳、长安两京，功居平乱之首，晋为中书令，封汾阳郡王。代宗时，叛将仆固怀恩勾结吐蕃、回纥进犯关中地区，郭子仪正确地采取了结盟回纥，打击吐蕃的策略，保卫了国家的安宁。

公元 763 年，吐蕃军队进犯泾州，泾州刺史高晖举城投降。随后，高晖为吐蕃军队当向导，引导他们向内地深入。吐蕃军队经过邠州时，代宗才知道这个消息。十月初二日，吐蕃军队进犯奉天、武功，京师大为震惊。代宗下诏任命雍王李适为关内元帅、郭子仪为副元帅，出兵咸阳抵御吐蕃军队的进攻。

这时，郭子仪闲居京师已久，部下早已离散。郭子仪只得临时招募，征得骑兵二十人启程。到咸阳时，吐蕃率领吐谷浑、党项、氐、羌等各族军队二十多万人，漫山遍野，前后达数十里，已经从司竹园渡过渭河，顺着山势向东拥来。郭子仪派遣判官中书舍人王延昌入朝奏报军情，请求增兵支援。由于骠骑大将军程元振的阻拦，王延昌竟然没有被代宗召见。初四日，渭北行营兵马使吕月将率领精锐部队两千人

打败了吐蕃军队。初六日，吐蕃军队再次进犯，吕月将再次与敌军拼死作战，士兵全部战死，吕月将也被吐蕃军队擒获。代宗加紧操练军队，这时，吐蕃军队已经跨过便桥。代宗临事仓促，不知所措。初七日，代宗逃往陕州。初八日，代宗逃到华州，华州官吏都已逃散，无人接待供奉，随从将士不免挨饿受冻。正好观军容使鱼朝恩带领神策军从陕州来迎接，代宗才平安抵达陕州。初九日，吐蕃进占长安，高晖和吐蕃大将马重英等人，拥立已经去世的邠王李守礼的孙子李承宏为皇帝，更改年号，设置百官，任用前翰林学士于可封为宰相。吐蕃在长安抢掠官府仓库、市里民舍，焚烧房屋，长安城被洗劫一空。

郭子仪见代宗已离开长安，就带着三十名骑兵向东去征募士兵。郭子仪经过蓝田时，正遇上元帅都虞候臧希让、凤翔节度使高升，得到士兵近千人。郭子仪怕溃逃的士兵到达商州会扰乱人心，就指派王延昌直接赶到商州安抚。而商州六军将领正在放纵士兵抢掠，听说郭子仪要来了，都十分高兴，表示愿意接受命令。郭子仪担心吐蕃进逼代宗，驻守七盘三天，才向商州进发，沿途收罗散兵，加上会合了武关防守士兵，到达商州时，已有兵卒四千人。郭子仪在商州流着眼泪激励将士，发誓要共同洗去国家耻辱，收复长安，将士十分感动，都表示服从指挥。

郭子仪请太子宾客第五琦为粮料使，负责供给军粮。代宗派人送诏书给郭子仪，想召见他，并担心吐蕃东出潼关。郭子仪上表说：“我不收复京城，就没脸见陛下。如果我从蓝田出兵，吐蕃肯定不敢向东进犯。”这时，段秀实已劝说节度使白孝德领兵前来解救危难。白孝德领兵大举进攻，向南攻取京城周围地区，与蒲州、陕州等州兵会合。吐蕃在扶植了广武王李承宏后，想劫掠长安城中的仕女、工匠等收兵回国。郭子仪派左羽林大将军长孙全绪带领两百名骑兵出蓝田察看吐蕃军情。长孙全绪到达韩公堆后，白天击鼓，并四处树立旗帜，晚上在多处燃起火堆，以使吐蕃生疑。前光禄卿殷仲卿聚集了近千人，保卫蓝田，与长孙全绪相互配合，并派了两百多名骑兵渡过了渭水，吐蕃才感到害怕。老百姓又骗他们说：“郭令公从商州带来数不清的大军。”吐蕃信以为真，开始慢慢退兵。长孙全绪派射生将王甫入长安，暗地里结集了几百名少年，夜里在朱雀街敲鼓大喊，吐蕃军队更加惊恐不安，第二天，吐蕃军全部逃离长安。

李愬雪夜入蔡州

唐末各个藩镇中，淮西是个顽固的割据势力。公元 814 年，淮西节度使吴少阳亡故，他的儿子吴元济自立。唐宪宗发兵征讨淮西，但是他派去的统帅不是腐朽的官僚，就是自己另有企图，结果花了整整三年时间，耗费了大量财力，都失败了。公元 817 年，朝廷任命李愬为唐州等三州节度使，李愬整顿军队雪夜突袭蔡州，成功抓获了轻敌的吴元济，将他押送京师。

公元817年，唐宪宗任命李愬为唐州等三州节度使，前往淮西平叛。唐州的将士打了几年仗，都不愿再打，听到李愬一来，都心生畏惧。李愬到了唐州，就向官员宣布说："我是个懦弱无能的人，朝廷派我来，是为了安顿地方秩序。至于打吴元济，不干我的事。"这个消息传到吴元济那里。吴元济打了几次胜仗，本来就有点骄傲，听到李愬不懂打仗，更不把他放在心上了。

公元817年的一天，李愬命令马步都虞候、随州刺史史旻留下来镇守文城，命令李祐与李忠义率领由敢死之士组成的突击队三千人作为前导，自己与监军率领三千人作为中军，命令李进诚率领三千人居于军队的后部。诸将率部出发以后，还不知道要往哪里开进。李愬说："只管向着东方行进。"军队走了六十里路，夜晚来到张柴村，将屯戍村中的淮西士兵和守候烽火的人员全部杀死，占领了敌军的栅垒。李愬命令将士稍作休息，吃些干粮，整顿马具，留下五百人镇守张柴村，又连夜率领兵马出了张柴村的栅门。众将领请示进军目标，李愬说："到蔡州去捉拿吴元济！"众将领都大惊失色。监军甚至哭着说："果然中了李愬的奸计了。"当时，风雪大作，旗帜破裂，冻死的战士与马匹随处可见。加之天色阴暗，由张柴村往东去的道路，都是官军从来没有走过的，人人都暗自以为肯定活不成了。但是，他们畏惧李愬，不敢违抗命令。到了半夜，雪下得更大了。官军走了七十里路，来到蔡州城下，靠近城边有一处喂养鹅鸭的池塘，李愬命令轰打鹅鸭，以遮掩军队行走的声音。

自淮西节度使吴少阳抗拒朝廷以来，官军不到蔡州城下已经有三十二年了，所以蔡州的人毫无防备。第二天，凌晨四鼓后，李愬率军来到城墙脚下，城中没有一个人察觉。李愬、李忠义挖城砖作为站脚的地方，一步一步慢慢地登上城墙，将士们紧跟其后。蔡州城守门的士兵还在熟睡就被全部杀掉了，只留下巡夜打更的人，让他照常打更，没有露出一点破绽。然后打开城门把队伍放进来，等到了城里也是这样，城中的人一点没有察觉。报晓的公鸡叫起来了，大雪也停了，李愬军这时已到了吴元济的外衙。有人向吴元济报告说："官军到蔡州城了！"吴元济睡在床上，笑着说："不过是被俘虏的囚徒在闹事罢了。等天亮了，我一定要把他们全部杀掉。"又有人惊慌失措地来报告说："蔡州已经失陷了！"吴元济还不在意，说："这一定是驻守洄曲的子弟向我要寒衣来了。"他穿起衣服，走到庭院中仔细地听，只听见李愬号令军队，响应者有上万人。吴元济这时才害怕起来，急忙率领身边将士登上牙城进行抵抗。

那时，叛将董重质拥有精兵万余人，据守洄曲。李愬推断说："吴元济所盼望的，是董重质的军队来救他。"就派人寻访董重质的家，送去财物加以安抚，让他的儿子董传道写了书信劝说董重质。董重质知道李愬的厚意，就单人骑马来向李愬投降。李愬派李进诚率部队进攻牙城，毁其外门，找到了收藏兵器的仓库，把里面各种器械取出来。过了一天，李进诚军又发起进攻，放火烧了蔡州内城的南门，并集中弓箭手，向城上射箭。外城的百姓争着背柴草帮助官军。下午，南门告破，吴元济在城上向官军请罪。李进诚用梯子引吴元济从城墙上下来。第二天，李愬下令用囚车把吴元济押送到京师。

李愬奇袭的成功并非出于偶然。就主观而言，李愬治军有方，待己俭约，待士丰厚，能得士心；又明于知人，敢于重用降将，能得敌情；他英明果断，敢于抓住蔡州空虚的时机，实施奇袭；又长于谋略，善于麻痹敌方，瓦解其民心和士气。这些，都使他能利用风雪阴晦、烽火不接的天气孤军深入，置全军于死地而后取得奇袭的胜利。从客观条件上说，唐宪宗始终未改其平定淮西的决心，又能集中力量对吴元济用兵，甚至撤去监阵中使，而北线唐军则牵制、吸引了淮西的主力，这都为奇袭的胜利创造了有利的条件。

周德威以逸待劳破梁兵

周德威是后唐名将，他用兵持重，能攻善守，常出奇制胜，为开创后唐的基业屡建功勋。公元 910 年，在柏乡之战中，正是周德威的谋略和据理力争才使晋军没有因为晋王李存勖的冒险而失利。晋王采取了退军高邑（今属河北）、诱敌离营、以逸待劳之策，最后取得了柏乡大战的全面胜利。

公元 910 年冬，梁太祖怀疑赵王与晋王勾结，派兵占据了深州。赵王派使者向燕王刘宁光、晋王李存勖求救。晋王同意发兵，燕王则想借梁、赵互斗，两败俱伤而坐收其利，不肯发兵。晋王派大将周德威统军屯守赵州，又亲自领兵东下，至赵州与周德威会合。两支军队会合后，进军至梁军驻屯的柏乡三十里外，由周德威等率骑兵前去挑战，梁军不出战。第二天，晋军前进至柏乡五里处，在野河北岸扎营。晋王派骑兵前往梁营，向梁军射箭、谩骂，梁将韩就等率步骑三万，分三道出营追赶。

周德威亲自率领千余名精锐骑兵进攻梁军的两翼，左右扫荡，冲进冲出好几次，抓获了百余名俘虏，最后一边打一边退，到了野河岸边才停下，梁兵也主动退去。周德威向晋王说："贼人的声势很大，我们应当按兵不动来等待他们士气衰退。"李存勖于是撤除营寨，退到高邑县守卫。梁军驻守的柏乡没有储备马料，因此梁兵只好四处割取马料，晋军每天派出游骑骚扰，梁兵因而不敢再出来。周德威派胡人骑兵环绕梁军营寨射箭辱骂，梁兵怀疑晋军有埋伏，更不敢出来，只好用屋顶的茅草和屋内的座席来喂马，马匹饿死不少。

公元911年，周德威与别将史建瑭、李嗣源等率精锐骑兵三千人逼近梁军营寨辱骂挑衅，梁军主将大怒，率部倾巢而出。周德威等转战至高邑南，晋将李存璋这时已将步兵布防在野河岸边，梁军队伍摆开好几里宽，竞相冲上来夺取浮桥。守桥的镇州、定州的步兵眼看支持不住了，晋王对匡卫都指挥使李建及说："敌人一旦冲过桥来就不好办了。"李建及便挑选了两百名精兵冲杀上去，经过一番苦战，终于把敌人击退。战斗从上午巳时一直打到午时，还没有分出胜负。晋王对周德威说："双方军队已经开战，很难再分开了。我们的兴亡，就在此一举。我替你打前锋，你可以随后跟上。"周德威抓住他的马缰劝告说："我看梁军的形势，可以以逸待劳去制服他们，不能拼死力战。他们离开营垒三十多里，即使随身带着干粮，也没有余暇吃。日落以后，他们一方面饥渴交加，一方面要抵挡兵刃箭矢，士兵劳累疲倦，一定会有退兵的打算。到那时候，我们用精锐骑兵追击，必定能大获全胜。现在不可以攻击。"晋王于是停止向前冲锋。

当时，魏州、滑州的后梁兵在东边列阵，宋州、汴州的后梁兵在西边列阵。到太阳下山的时候，后梁军没有东西

吃，兵士没有斗志，王景仁等率部逐渐退却，周德威大声呼喊说：“梁兵跑了！”晋兵大声喧噪，争相前进，魏州、滑州军队先退，李嗣源率众在西边阵前大声呼叫道：“东阵已经逃跑，你们为什么久留！”后梁兵惊慌恐惧，于是大溃。李存璋率领兵士追逐逃散的梁兵，大声呼唤说：“梁人也是我们的人，父兄子弟运送军粮的不杀。”于是，梁兵都脱下铠甲，扔掉兵器，喧闹声惊天动地。赵人怀着对后梁兵屠杀深州、冀州戍卒的仇恨，顾不上抢夺财物，只是挥舞利刃追击，后梁的龙骧、神捷两军的精兵几乎全被歼灭，从野河到柏乡，伏尸遍地。

坐山观虎刘知远称帝

刘知远是沙陀部人，后晋时任太原留守、河东节度使。晋辽交战期间，他守境不出，招募军士，壮大力量。辽军进入汴京时，他派部下以祝贺胜利为名，去汴京察看形势，知道辽军很不得人心。不久，他打出复兴后晋、迎石重贵来晋阳的旗帜，受到将士的拥戴。公元 947 年，他在晋阳称帝，建国号为“汉”。第二年建年号为“乾祐”，史称“后汉”。

当初，后晋出帝与河东节度使、中书令、北平王刘知远互相猜忌，虽然刘知远被任命为北面行营都统，其实只是一个虚名，各路军队的行动，一点都不让刘知远干预过问。刘知远因而大量招募士兵，各藩镇中以河东最为富强，步兵、骑兵多达五万人。后晋出帝和契丹结怨以后，刘知远估计他凶多吉少，但从来也不加以劝谏。契丹屡次纵兵深入，刘知远也丝毫没有阻拦或派兵支援的意思。等到听说契丹已占据了大梁，刘知远才分派军队守护四方边境，防备契丹突然袭击。然后派客将安阳人王峻带三封奏表，前去拜见耶律德光。

第一封奏表，祝贺耶律德光进入汴州；第二封奏表，说明自己因为太原是夷、夏各族混居的地方，而且又有戍边军队屯驻，所以不敢离开辖区；第三封奏表，说明自己本应进贡却还没有进贡的原因，是因为契丹将领刘九一的军队从土门出发往西，正好驻扎在南川，太原城中的百姓担惊受怕，等到这批军队被调回去，道路通畅无阻之后，就可以进贡了。耶律德光于是颁赐诏书褒奖。等到诏书拟好，进呈审阅的时候，耶律德光亲自在刘知远的姓名之上加了一个“儿”字，又赐给他木拐。按照契丹人的礼仪，对大臣表示优厚的礼遇时才赐木拐，就像汉人赐茶几手杖一样，只有契丹王的叔父才得到过这样的礼遇。

刘知远又派遣北都副留守、太原人白文珂献上珍奇的丝织品和名贵的千里马。耶律德光看出刘知远还在观望，不肯自己来，就趁白文珂返回太原的时候，让他转告刘知远说：“你又不侍奉南朝，又不侍奉北朝，你打算等到什么时候呢？”蕃汉孔目官郭威对刘知远说：“契丹对我们怨恨很深！

王峻说契丹人贪婪残暴失掉人心，一定不能长久占据中原。”有人劝说刘知远起兵扩大地盘。刘知远说：“用兵有缓有急，应当根据形势采取适当的策略。现在契丹刚刚收降了后晋的十万兵马，像老虎一样占据着都城，形势没有发生其他的变化，怎么能够轻举妄动呢？”

后来，刘知远听说后晋出帝被契丹胁迫，要到北方去，就扬言要从井陉出兵，将出帝迎归晋阳。当刘知远在广场集合军队，对他们宣布出兵日期的时候，军士们都说：“如今契丹攻陷都城，俘虏了皇帝，天下没有君主。能做天下君主的，除了我们的大王还有谁呢？应该先即帝位，称尊号，然后出兵。”于是，大家不停地争着高呼“万岁”。刘知远说：“契丹的势力还很强大，我军声威也还没有得到传播，应当先建功立业。”刘知远拒不称帝。之后，仍有部下不断规劝，刘知远犹豫不决。最后，郭威与都押牙冠氏觐见刘知远，并劝他说：“现在人心不论远近，都不谋而合，希望您称帝，这是天意啊！您不趁这个机会取得天下，如果再谦让推辞，恐怕将来人心背离，反而会惹来祸患。”刘知远终于听从了他们的意见。公元947年，刘知远正式即皇帝位。

晋军逆风出击破契丹

后晋出帝石重贵即位后，后晋与契丹人矛盾加剧，双方在阳城白团卫村交战，后晋军主力被契丹八万大军包围，营中无水，凿井又坏，大风狂起，契丹骑兵顺风攻击晋军，晋军逆风拼死出战，大破契丹军，追至卫村，再败之，契丹主耶律德光遁去。

当初，后晋高祖在澶州城设置德清军，等到契丹入侵时，澶州、邺都之间的城池邢、洺（今属河北）、磁三州均被攻陷。公元945年，杜威等诸军攻打契丹。听说契丹主率八万骑兵南下，杜威畏惧，退守泰州。晋军又向南撤退，到达白团卫村。契丹兵把晋军营寨团团包围，还派遣骑兵穿插到营寨后面，切断了运粮的通道。晚上，刮起了很大的东北风，刮翻了房屋，刮断了树木。晋军在营寨中挖井，总是刚刚挖到水源就发生塌方，士兵们只好把湿泥取出来，用布绞水喝。晋军人马都渴得厉害。

等到天亮，风刮得更大。耶律德光坐在车中，对他的部下说："敌人已陷入困境，我们要把他们全部抓住，然后向南夺取大梁！"于是命令铁甲骑兵下马，拔掉鹿角，冲入营寨，与后晋军队短兵相接。又顺着风向放火，扬起沙尘助长进攻的气势。晋军军士都很愤怒，纷纷请求出战。杜威说："等待风势稍微转缓后再看可不可以出战。"马步都监李守贞说："敌兵人多我们人少，风沙之内，看不清谁多谁少，只有奋力作战的人才可以取胜，这阵风正好可以帮我们的忙；如果等到风停，我们的处境就更危险了。"当即大呼："诸军齐发向贼兵进击！"又对杜威说："令公您擅长守卫，我用中路军与敌人决一死战了!”马军左厢都排陈使张彦泽召集诸将问怎么办好，诸将都说：“胡虏现在正得到顺风，应该等到风往回吹时再同他交战。”张彦泽也认为可以。诸阵将退出，马军右厢副排使太原人药元福独自留下，对张彦泽说：“现在军中饥渴已到极点，如果等到风回，我们这些人已经成了俘虏。敌人认为我们不能逆风出战，应该出其不意抓紧攻击他，这是用兵的诡诈之道啊!”马步左右都排阵使符彦卿说：“与其束手就擒，不如以身殉国!”便与张彦泽、药元福及左厢都排阵使皇甫遇带领精锐骑兵出西门进击契丹，诸将接着也跟上来了。契丹兵退却几百步。符彦卿等对李守贞说：“是带着队伍往来游弋呢，还是一直向前进击，直到打胜为止呢?”李守贞说：“事情已经到了这个地步，怎么能够调转马头！应该长驱直入取得胜利才作罢。”符彦卿等跃马而去，风势更加厉害，昏暗得像黑夜。符彦卿等率领一万多骑兵横冲契丹军阵，呼喊声震动天地，契丹兵大败而走，势如山倒。李守贞命令步兵把鹿角拔去，出阵战斗，步兵和骑兵同时进击，把契丹兵向北驱逐二十余里。契丹的铁鹞军下马之后，仓皇之间来不及再上马，把马和铠甲兵仗丢弃得遍地都是。

契丹溃散的兵卒到了阳城东南水上，稍微整复了阵列。杜威说：“贼兵已经破胆，不能再让他们布成阵列!”于是派出精锐骑兵追击他们。契丹兵都渡水逃去，契丹主乘坐奚车奔逃十余里，追兵紧急，捉获一匹骆驼，骑上它逃走。晋军诸将请求急速追赶他们。杜威说：“遇上敌人幸而没有死掉，还想进一步索求敌人的衣囊吗?”李守贞说：“两天来人和马都渴极了，现在喝上了水，都饱足了，而且身子加重，难以追赶，不如保全军队还师。”于是退守定州。

古人云：“善战者，见利不失，遇时不疑。”意思是要捕捉战机，乘隙争利。当然，小利是否应该必得，这要考虑全局，只要不会“因小失大”，小胜的机会也不应该放过。

兴国安邦之略

在古代，有道明君治理国家，国家就能安定兴盛；无道昏君统治天下，必然导致动乱灭亡。君主享有至高无上的权力，是王朝兴亡的关键。怎样做一个贤明的君主？体恤百姓、不务奢侈、接纳谏言、居安思危是其中的要点。另外，国得贤臣则安，国失贤臣则危。贤臣往往敢于直谏而失宠，奸臣往往善于求媚而得势。举荐贤能是国家兴旺祥和的标志，而妒贤嫉能，行谗言陷害之事，必将给国家带来祸乱。

商鞅立木取信施新法

商鞅想颁布新法，又怕法令公布出来后老百姓不相信，影响新法的推行，于是他就在南门立下一根木杆，声称谁把木杆搬到北门，就可得到五十两金子，后来，有人搬了木杆，当然也因此而得到了金子，于是，百姓们开始信服。商鞅这才颁布了新法。

起初，在战国七雄中，秦国在政治、经济、文化各方面都比中原各诸侯国落后。毗邻的魏国就比秦国强，还从秦国夺去了河西一大片土地。公元前362年，秦国的新君秦孝公即位，他下决心发奋图强壮大秦国。为了招揽人才，他下了一道命令，说："不论是秦国人还是外来的客人，谁要是能想办法使秦国富强起来，就封他做官。"秦孝公的求贤令果然吸引了不少有才干的人。有一个卫国的贵族公孙鞅（就是后来的商鞅），在卫国得不到重用，跑到秦国，托人引荐，得到秦孝公的召见。

公孙鞅到秦国后，求见秦孝公，向秦孝公讲述富国强兵的办法。秦孝公听了高兴万分，遂留公孙鞅一起商议国家大事。公孙鞅想实行变法，但秦国的贵族都不赞同。经过激烈的争论，秦孝公最终同意了变法的主张，并任命公孙鞅为左庶长，实行变法。于是，公孙鞅下令：百姓按五家一伍、十家一什组织起来，互相监督，有事揭发，一家犯法，几家连坐；告发奸谋的人与斩敌人首级得到的赏赐一样，隐匿不告发与投降敌人受到的处罚一样；立下军功的人，各按标准授上等爵赏；私下械斗的人，各视情节处以相应的惩罚；努力做好本职工作，辛勤耕织而使粮食布匹增产的，可免除徭役；经商以及因懒惰而贫穷的，全家收为奴婢；就算是宗室出身，若没有立下值得称道的军功，也不能录入族谱；为了

使不同爵位的差别更为明显，不同等级的人用不同的名号称呼他们的田宅、臣妾和服饰；有功劳的人表彰他们的功劳，没有功劳的人再富有也没有光彩。

在法令已经制定但没有公布的时候，公孙鞅担心百姓不相信，就在国都的南门立了一根三丈高的木杆，悬赏十金，征求能将它搬到北门的人。大家都觉得奇怪，没有人敢上去搬。公孙鞅又下令："能搬的人赏五十金。"

有一个人抱着试试看的心理，就走上去把木杆搬到北门，结果真的得到五十金。公孙鞅就用这个方式，来向人民表示赏罚必信，然后才正式发布变法的法令。谁知，变法令施行了一年，秦国百姓到国都上访抱怨说新法不好的有几千人。有一次，秦国的太子犯了法。公孙鞍对秦孝公说："国家的法令必须上下一律遵守。要是上面的人不能遵守，下面的人就不信任朝廷了。太子犯法，他的师傅应当受罚。"结果，公孙鞅把太子的两个师傅公子虚和公孙贾都治了罪，一个割掉了鼻子，一个在脸上刺字。这样一来，那些贵族、大臣都不敢触犯新法了。新法施行十年后，秦国路不拾遗，山林之中也没有强盗，乡村城市安定繁荣。秦国一些当初抱怨说新法不好的人，又来夸奖新法好。

"人无信不立。"一个人、一个团体、一个国家都是一样的，言而无信则自取灭亡。诚信，即诚实，守信用。现代社会，在灯红酒绿中，在车水马龙中，在摩肩接踵时，许多欲望在或璀璨或幽暗的世界里潜滋暗长，喧闹与躁动似乎使很多人失去了前进的方向，但诚信始终应是生活的信条和做人的准则。

冒顿弑父篡位兴匈奴

冒顿是匈奴第一个单于头曼的长子。公元前209年，冒顿杀父发动政变，登上匈奴单于宝座。其时正值中原楚、汉之争，冒顿遂乘机发展势力，控弦之士达三十余万。冒顿东占东胡，大破东胡王，迫使东胡北迁；西击月氏，迫使月氏西迁；南并楼烦、白羊河南王，尽收复秦将蒙恬所攻取的河南地。冒顿统一了整个北疆，把一个处于众多民族部落杂居、互不相属、四分五裂的北方，第一次统一在匈奴族奴隶主贵族的政权之下。

匈奴单于头曼的太子叫冒顿。后来，头曼所宠爱的阏氏又生了个小儿子，头曼便想把他立为太子。这时东胡部族强大，西域的月氏部族也很强盛。头曼于是派冒顿到月氏去当人质。

不久，头曼加紧进攻月氏，月氏就想杀掉冒顿。冒顿得知后，偷来月氏人的好马骑上，逃回了匈奴。头曼由此认为冒顿强壮勇武，就让他统率万名骑兵。与他优柔寡断的父亲相反，从逃回来的第一天开始，冒顿就显示了他的决断、深虑、坚忍与长谋。冒顿制做出响箭，训练部下骑射练习，使他们习惯于听从自己的号令。冒顿下令说："看到我的响箭射出后不一起发射的人，斩首！"冒顿随即用响箭自射他的好马，接着又射他的爱妻，左右的人凡有不跟着发射的，都被斩杀了。

最后冒顿又拿响箭射头曼单于的马，左右的骑兵也都跟着放箭射单于的马。由此，冒顿知道这些兵士可以使用了，便在随同头曼出猎时，用响箭射头曼，他的部众也都跟着响箭同射单于，最终杀死了头曼。然后把冒顿的后母和弟弟以及大臣中不听从调遣的人全部诛杀。冒顿自立为单于。

东胡听说冒顿弑父自立，便派出使者去告诉冒顿说："想要得到头曼在位时拥有的千里马。"冒顿询问群臣，群臣都说："那是匈奴的一匹宝马，不能给人！"冒顿道："怎么能与人家为友好邻国却还要吝惜区区一匹马呀！"随即把这匹马送给了东胡。过了不久，东胡又派使者来对冒顿说："想要得到单于的一位阏氏。"冒顿再询问左右近侍，侍臣都愤怒地说："东胡这般无礼，竟然索求阏氏！请发兵攻打它！"冒顿道："和人家是邻国，怎么能舍不得一个女子呢！"就选取自己所宠爱的阏氏送给了东胡。东胡王于是越来越骄横放纵。东胡与匈奴之间，有被丢弃的土地无人居住，方圆一千多里，双方各居其一边，设立屯戍守望的哨所。东胡再次派使者对冒顿说："这些无人居住的荒地，我想得到它。"冒顿依旧召问群臣，群臣中有的说："这是块儿

荒地，给他们也可以，不给也行。”冒顿这时却勃然大怒道：“土地是国家的根本，怎么能够给人呢！”立即将那些说可以给予的臣子都杀了。冒顿接着一跃上马，下令说：“国中有晚出发的人，斩首！”随即领兵去袭击东胡。由于东胡一直非常轻视冒顿，不设防备，冒顿轻易地灭掉了东胡。

冒顿获胜而归，又向西攻击月氏，向南兼并了黄河以南的楼烦、白羊二王，随即侵掠燕、代地区，重新收复了当年被蒙恬夺走的匈奴旧地，并夺取了汉朝边关原河套以南诸要塞一带的大片土地。这个时候，汉军正与项羽相持，中原地区被战争拖累得疲惫不堪，因此冒顿得以强大起来，拥有操弓射箭的兵士三十多万，威势镇服各国。匈奴从其先祖淳维至头曼单于，已有一千多年了，但匈奴的地域时大时小，内部也别散分离，直到冒顿单于时，匈奴才强大起来，尽服北夷，而南与汉朝为敌，成为当时的一代雄主。

萧何惜才追韩信

秦朝末年，韩信初属项梁，又归项羽，郁郁不得志。萧何器重韩信，荐于刘邦，刘邦不重用，韩信愤而出走。萧何得知后，深恐失去人才，披星戴月追赶，劝其归来，再向刘邦推荐，刘邦终于答应了。日后事实证明，韩信果然名不虚传，为刘邦得天下立下汗马功劳。

淮阴人韩信，家境贫寒，没有好的德行，不能被推选去做官，又不会经商做买卖谋生，常常跟着别人吃闲饭，人们大都厌恶他。韩信曾经在城下钓鱼，有位在水边漂洗丝绵的老太太看到他饿了，就拿饭来给他吃。韩信非常感激，对那位老太太说："我一定会报答您老人家。"老太太生气地说："男子汉大丈夫不能自己养活自己！我不过是可怜你才给你饭吃，难道是希望有什么报答吗?!"淮阴县的青年里有人侮辱韩信，道："你虽然身材高大，好佩带刀剑，内心却是胆小如鼠的。"并趁机当众羞辱他说："韩信你要真的不怕死，就来刺我。若是怕死，就从我的胯下爬过去!"韩信仔细地打量了那青年一会儿，便俯下身子，从他的双腿间钻了过去。满街市的人都嘲笑韩信，认为他胆小。

待到项梁渡过淮河北上，韩信持剑去投奔他，留在项梁部下，一直默默无闻。项梁失败后，韩信又归属项羽，项羽让他作了郎中。韩信曾多次向项羽献策以求重用，但项羽均不予采纳。汉王刘邦进入蜀中，韩信又逃离楚军归顺了汉王，仍然不为人所知。起初，韩信做的是个接待宾客的小官。后来韩信犯了法，应判处斩刑，与他同案的十三个人都已遭斩首，轮到韩信时，韩信抬头仰望，恰好看见了滕公夏侯婴，便说道："汉王难道不想取得天下吗？为什么要斩杀壮士啊!"滕公觉得他的话不同凡响，又见他外表威武雄壮，就释放了他，并与他交谈，欢喜异常。之后，滕公将情况奏报给了汉王。汉王于是授给韩信治粟都尉的官职，但还是认

为他没什么过人之处。

韩信好几次与萧何谈话，萧何感到他不同于常人。待汉王到达南郑时，众将领和士兵都唱歌思念东归故乡，许多人中途就逃跑了。韩信估计萧何等人已经多次向汉王荐举过他，但汉王没有重用，便也逃亡而去。萧何听说韩信逃走了，没来得及向汉王报告，就亲自去追赶韩信。

有人告诉汉王说："丞相萧何逃跑了。"汉王大发雷霆，仿佛失掉了左右手一般。过了一两天，萧何来拜谒汉王。汉王又怒又喜，问萧何说："你为什么逃跑呀?"萧何说："我不敢逃跑，我是去追赶逃跑的人。"汉王说："你追赶的人是谁？"萧何道："韩信。"汉王喝道："将领们逃跑的已数以十计，你都不去追，说追韩信，纯粹是撒谎！"萧何说："那些将领很容易得到。但像韩信这样的人，却是天下无双的杰出人才啊！大王您如果只想长久地在汉中称王，自然没有用得着韩信的地方；倘若您要争夺天下，除了韩信，就没有可与您图谋大业的人了。只看您作哪种抉择了！"汉王说："我也是想要东进的，怎么能够忧郁沉闷地一直待在这里呀！"萧何道："如果您决计向东发展，那么能任用韩信，韩信就会留下来，如若不能任用他，他终究还是要逃跑的。"汉王说："那我就看在你的面子上命他做将军吧。"萧何说："即便是做将军，韩信也不会留下来的。"汉王道："那就命他为大将军吧。"萧何说："太好了。"于是，汉王就想召见

韩信授给他官职。

萧何说："大王您向来傲慢无礼，现在要任命大将军了，却如同呼喝小孩儿一样，这便是韩信要离开的原因啊！您如果要授给他官职，就请选择吉日，进行斋戒，设置拜将的坛台和广场，准备举行授职的完备仪式。"汉王应允了萧何的请求。众将领闻讯都很欢喜，人人都以为自己会得到大将军的职务。但等到任命大将军时，竟然是韩信，全军都惊讶不已。

萧何追韩信成就了韩信传颂至今的英名，成就了萧何汉室忠臣良相的美名，也成就了刘邦的千秋伟业。如果萧何月下追不到韩信，那么很可能就谈不上以后的楚汉相争，秦末以后的历史就有可能重写。由此可见，萧何很会识别人才。但后来，萧何为了保全个人，又与吕后定计杀害了韩信。"萧何追韩信"的历史佳话使萧何堪称识才惜才的典型，"成也萧何，败也萧何"的史实又使萧何成为反复无常的败事典型。

疆场竞斗之计

人类自出现以来，就一直没有停止过疆场争斗。疆场争斗有的以弱胜强，有的出人意料，有的不动一兵一卒，却化险为夷。水淹火攻，刀光剑影，惊心动魄。疆场上弥漫着战争的硝烟，也充满着计谋的较量，而一个好计谋则抵得上十万大军。

孙膑减灶智杀庞涓

魏国大将庞涓曾用计挖掉了同窗孙膑的膝盖骨，想使他终身成为废人，可未曾料到，几年后自己却死在孙膑的手中。公元前342年，庞涓领兵攻韩，次年齐救韩。孙膑采用逐日减灶之策，诱使庞涓日夜追击，使其在马陵（今河南范县西南）中伏被杀，魏太子申被俘。

孙膑是战国时齐国人，大军事家孙武的后代，他早年曾和庞涓一起学习兵法。后来，庞涓到魏国做了将军，很得魏

惠王的信任。庞涓妒忌孙膑的才能，就假意把他请到魏国，暗中却在魏惠王面前诬告他私通齐国。魏惠王大怒，命人把孙膑的膝盖骨挖去，还在他脸上刺了字。孙膑佯装发疯，躲过了杀身之祸。后来，孙膑逃回齐国，齐威王很欣赏孙膑的才能，对他加以重用。

公元前354年，魏惠王攻打赵国，包围了邯郸。齐威王任命田忌为大将，孙膑为军师，率军救援赵国。田忌想率军直奔赵国，孙膑说："想劝开打架的人，不宜自己也挥着拳头动手；想制止械斗的人，不宜自己也拿起棍棒格斗。如果避实而就虚，造成不得不停手的形势，那么问题也就解决了。如今魏国攻打赵国，主力精锐一定全部出动，国内就剩下老弱残兵。您不如率军突袭魏国的都城，占据交通要道，进攻防守薄弱的地方，魏军一定会放弃邯郸回兵自救。那么我们就一举两得，既解了邯郸之围，又趁机打击了魏国。"田忌听从了孙膑的建议，魏军果然回救，在桂陵被齐军打得大败。

公元前342年，魏王让庞涓率军攻打韩国。韩国向齐国求救，齐威王召集大臣，问道："韩国派使者前来求救，你们看是早出兵好，还是晚出兵好？"成侯回答说："依臣之见，还是不救为好。"田忌说："如果我们不救，韩国必败。那么，韩国就投向魏国了。我看不如早些救援。"孙膑说："韩、魏两国刚开战，双方都没有疲惫。如果我们现在出兵救韩，岂不是听命于韩国，替它挨打吗？因此，我们可以答应韩国，但要晚些出兵。这样，我们既可以获得重利，又可以得到美名。”齐威王听了，连声叫好。于是，他答应了韩国使者，然后打发他回国了。韩国见齐国答应救援，有了靠山，便坚持苦战，但打了五仗都失败了。这时，齐国出兵了。这次，齐王仍然让田忌担任大将，孙膑担任军师。田忌按照孙膑的计谋，直捣魏都。庞涓闻讯，只得回军。魏王让太子申担任大将，和庞涓一起抵抗齐军。孙膑对田忌说："魏军一向轻视齐，我们可以因势利导，让他们中计。”于是，孙膑让大军进入魏境后，第一天驻军做饭时挖了十万个灶，第二天挖了五万个，第三天挖了两万个。庞涓见了，大喜道："我早就知道齐国人胆小，果然如此。齐军才进入我们国境，三日就逃走一半以上了。”于是，他抛下步军，率领骑兵兼程追赶。孙胺预料他当天晚上会赶到马陵，于是命令士兵把大树砍倒，堵塞道路，只留路旁一棵大树，削去树皮，在光光的树身上写了这样几个大字："庞涓死于此树下。”又命军中弓箭手埋伏两旁，晚上看见树下火起，就向马陵道上射箭。就在那天晚上，庞涓果然赶到马陵。他走到那棵大树底下，看到树身上好像有字，就命人取火来照。庞涓还没来得及把树上那几个大字看完，齐军已万弩齐发，庞涓身中数箭而死。

战争中，迷惑敌人的方法多种多样，最妙的不是用似是而非的方法，而是运用抛砖引玉的方法，以假乱真。具体过程就是向对方示“弱”，把自己的实力隐藏起来。当然，也可以示“强”，在我方实力弱小的时候，可以把兵力都集中到关键点，给敌人一种重兵防守的假象。真真假假，虚虚实实，这才是战争的艺术。《孙子兵法》曰：“善战者，致人而不致于人。”又曰：“避实而就虚。”就是这个道理。

田单智设火牛阵

公元前279年，燕大将乐毅统兵攻齐，连攻下七十余城，齐仅剩两城，亡国在即，在此危难时刻，田单挺身而出。他征集了一千多头耕牛，将锋利的尖刀绑在牛角上，又选精兵五千人装扮成鬼神模样。半夜时分，齐军乘燕军熟睡之际，点燃了系在牛尾上的苇草，一千多头牛向燕军营寨狂奔乱撞，五千名精兵随后冲杀，城上齐军战鼓四起，燕军从梦中惊醒，看到了这些耕牛和“天兵天将”，吓得魂飞魄散，四处逃命，死伤无数。

即墨地处富庶的胶东，是齐国较大的城邑，物资充裕，人口较多，具有一定的防御能力。即墨被围不久，守将战死，军民共推田单为将。田单利用两军相持之机，集结七千余士卒，加以整顿、扩充，并增修城垒，加强防务。他和军民同甘共苦，“坐则织蒉（编织草器），立则仗锸（执锹劳作）”，亲自巡视城防；编妻妾、族人入行伍，尽散饮食于士卒，深得军民信任。田单在稳定内部的同时，为除掉最难对付的敌手乐毅，又派人入燕行反间计，诈称乐毅名为攻齐，实欲称王齐国，故意缓攻即墨，若燕国另派主将，即墨指日可破。燕惠王本怨乐毅久攻即墨不克，果然中计，派骑劫取代乐毅。

骑劫一反乐毅战法，改用强攻，仍不能下，企图用恐怖手段慑服齐军。田单将计就计，诱使燕军行暴，派人散布谣言，说害怕燕军把齐军俘虏的鼻子割掉，又担心燕军刨齐人在城外的祖坟。骑劫听到谣言后果然照着做了。即墨城里的人听说燕国的军队这样虐待俘虏，全都非常气愤。又看见燕国的兵士刨他们的祖坟，更是恨得咬牙切齿，纷纷向田单请求，誓与燕军决一死战。田单进而麻痹燕军，命精壮甲士隐

伏城内，用老弱、妇女登城守望。又派使者诈降，让即墨富豪持重金贿赂燕将，假称即墨将降，唯独希望保全妻小。围城已逾三年的燕军，急欲停战回乡，见大功将成，只等受降，更加懈怠。于是，田单在城里征集了一千多头牛，给它们披上紫色的缯衣，画上五彩龙纹，在牛角绑上尖刀，牛尾巴上捆上灌注油脂的芦苇束。到了晚上，田单下令在城墙上凿开几十个洞，点燃牛尾巴上的芦苇后，把牛从洞中赶出去，派勇士五千人跟在牛后面。牛尾巴着火受热，狂怒地冲

向燕军。燕军士兵大惊失色，被火牛碰到的人非死即伤，而且城里的人也呼叫呐喊，跟在牛后面冲出，老人小孩都敲击青铜器皿，声音震天动地。燕军士兵非常害怕，竞相溃逃。齐国的七十多座城池一下子全都收复了，于是在都城迎立齐襄王。齐襄王抵达都城临淄以后，封田单为安平君。

进攻与防守，是战争中的一对矛盾。当兵力不足时，采取守势，以求保全自己，然后以积极行动消耗敌人，逐渐改变敌我力量对比，创造有利战机，适时转入进攻。当战机来临时，要迅速发动进攻，力争取得全面胜利。可见进攻与防守这一矛盾是相互依存的，但又不是固定不变的，随着战争形势的不断变化，二者在一定条件下又是可以相互转化的。

赵括纸上谈兵败长平

公元前 262 年，秦国大军围攻赵国，老将廉颇坚守不战，秦军久攻不下，后施反间计使赵王撤换廉颇，起用善论兵法的赵括为将，于是历史上一次空前惨烈的战争开始了。

公元前 260 年，秦军进攻赵国的长平。当时驻扎在长平的是赵国老将廉颇的军队，廉颇率领赵军与秦军几次交锋，都被秦军打败，于是坚守壁垒，拒不出战。赵王认为廉颇损兵折将，还胆怯不肯出战，非常生气，屡次派人责备廉颇。见秦军久攻不下，秦国的应侯范雎派人带千金到赵国使反间

计，宣称："秦国什么都不怕，只怕让马服君赵奢的儿子赵括当将军。"赵王于是派赵括代替廉颇为将军。

他们所说的赵括，是赵国名将赵奢的儿子。赵括从小酷爱兵法，谈起用兵来，头头是道，自以为天下无敌，连他父亲也不放在眼里。赵王听信了左右的议论，立刻把赵括找来，问他能不能击退秦军。赵括说："要是秦国派白起来，我还得考虑对付一下。如今来的是王龁，他不过是廉颇的对手。要是换上我，打败他不在话下。"赵王听了很高兴，就拜赵括为大将，去接替廉颇。蔺相如对赵王说："赵括只懂得死读兵书，不会临阵应变，不能派他做大将。"可是赵王并不听从蔺相如的劝告，仍然一意孤行。赵括的母亲也向赵王上了一道奏章，请求赵王别派他儿子去。赵王把她招来，问她为什么。赵母说："赵奢临终的时候再三嘱咐我：'赵括这孩子把用兵打仗看作儿戏，谈起兵法来，就眼空四海，目中无人。将来大王不用他还好，如果用他为大将的话，只怕赵军会断送在他手里。'所以我请求大王千万别让他当大将。"赵王说："我已经决定了。"

公元前260年，赵括到达长平，接替廉颇。赵括统率着四十万大军，声势浩大。他把廉颇规定的一套制度全部废除，下命令说："秦国再来挑战，必须迎头痛击。敌人打败了，就得追下去，杀得他们片甲不留。"范雎得知赵括代替廉颇的消息，知道自己施计成功，就秘密派白起为上将军，统领秦军。白起一到长平，布置好埋伏，故意打了几场败仗。赵括不知是计，拼命追赶。白起把赵军引到预先埋伏好的地区，派出精兵二万五千人，切断赵军的后路；另派五千骑兵，直冲赵军大营，把四十万赵军切成两段。赵括这才知道秦军的厉害，只好筑起营垒坚守，等待援兵。秦国又发兵把赵国救兵和运粮的道路切断了。赵括的军队，内无粮草，外无救兵，守了四十多天，兵士都叫苦连天，无心作战。赵括带兵想冲出重围，秦军万箭齐发，把赵括射死了。赵军听到主将被杀，也纷纷扔了武器投降。白起说："秦国已占领上党，上党百姓不愿归秦而归了赵国。赵军一向反复无常，如果不将其斩尽杀绝，恐怕日后生出大乱。"于是使用诈术，将投降的赵军全部坑杀，只留二百四十个年纪尚小的军卒，放其归赵。秦前后共斩杀赵军四十余万，消息传来，赵国上下大为震惊。

长平之战是战国时期的一场大规模战争，被后人认为是战国形势的转折点。自此战后，其他的诸侯国均不再有对抗秦军的实力，秦统一中国只剩下时间问题。长平之战也留下无穷的遗憾，令人深思。为什么呢？还是陆游在《冬夜读书示子书》中说得好："纸上得来终觉浅，绝知此事要躬行。"

李牧以逸待劳破匈奴

战国时期，李牧为保卫赵国北疆，长期驻守雁门一带。

在敌军将骄士惰的情况下，李牧挑选一些战车和骑兵搞演习，又让边民随军放牧。匈奴见赵军车好马肥，便来抢掠。李牧用计，指挥赵军佯败后退，并故意让数十人被匈奴俘去。匈奴单于获悉后，便率军大举入侵。李牧巧设奇兵，歼灭匈奴兵十余万，使匈奴在以后的十多年时间里，不敢纵兵侵扰赵国边境。

战国时，经过兼并战争，只剩下七个大国：齐、楚、燕、韩、赵、魏、秦。七国之中，秦、赵、燕三国与胡人为邻，赵国在代郡、阴山之下筑了长城，设置了云中、雁门、代三郡。到了战国末期，北方的匈奴部落强大起来。匈奴骑兵数量既多，又很精锐，常到赵国雁门、代郡一带劫掠，赵国军队无法与之抗衡。李牧是战国末年赵国名将，智勇双全，他长期驻守北疆的代郡和雁门，抵御匈奴入侵。

李牧根据敌强我弱的实际情况，对匈奴采取防御为主的策略，设法使敌军产生骄傲情绪。李牧在驻地设置官吏，将军中交易所得税收都作为士兵的伙食费用，每天宰杀牛羊为士兵改善伙食。士兵吃饱喝足之后，李牧就带领他们练习骑射。李牧在边疆修了烽火台，派出很多间谍去探察敌人的动静，并给士卒们订立了严格的制度，他传令说：“匈奴骑兵来时，要迅速进堡自守，有敢去捕捉匈奴骑兵者斩首。”因此，当间谍侦知匈奴骑兵进犯时，烽火台立即举火警戒，李牧从不迎战，而是及时坚壁清野，让军队收好畜产退入堡垒中坚守。像这样过了几年，人畜都没有伤亡损失。而匈奴以为他兵弱胆小，不敢出战，便不再把他放在眼里了。

久而久之，赵国驻守边境的兵士都以为守将胆怯。赵王遣使斥责他，但李牧依然照旧行事。赵王大怒，撤了他的职。代李牧守边的赵将每当匈奴来犯时，就率兵出战，结果屡遭失败，损失惨重，边疆不宁，百姓无法耕牧。一年后，赵王只得又派李牧去守边疆，李牧闭门不出，称病在家。赵王一再强令，他对赵王说："如果一定要起用我的话，请允许我仍按老办法行事，我才敢领命。"赵王答应了他。李牧到了边疆，一切如前。渐渐地，匈奴以为他胆小怯战，对他毫无戒心了。李牧关心士卒生活，每天仍是宰牛杀羊为士兵改善伙食。李牧善于治军，他率领的部队军纪严明，军事训练非常严格，士兵个个马术精熟，勇敢善战。将士们日日受赏而不能报效，时间长了，都愿和匈奴决一死战。在敌军骄惰无备、赵军求战心切的情况下，李牧选出战车一千三百乘，战马一万五千匹，勇士五万人，善射者十万人，全部进行操练，演习作战，准备发起攻击。

为了引诱匈奴骑兵，李牧让百姓出城放牧，漫山遍野都是牛羊。不久，敌人小股来犯，试探着进攻，李牧佯装败退，丢下数十人。匈奴单于听说后，忙率大军南侵，长驱直入。李牧见状，出其不意地摆出奇阵，从左右两翼包抄合

围，敌兵立即乱了阵脚。只此一战，李牧就率赵军消灭敌人骑兵十余万。接着，李牧又率兵消灭了澹褴部族，打败了东胡族，收降了林胡部族。匈奴单于只得引兵远遁，十多年不敢犯边。

李牧破匈之战，先是坚壁清野，积极防御，为以后的破匈之战做好准备工作。然后故意以弱示敌，从心理上麻痹敌人，让对手产生轻敌想法，从而争取到歼敌的有利战机。李牧是匈奴崛起后第一个与之大规模交锋的汉族将领，并取得赵匈之战的大捷，从而解除了赵国北部的严重压力，使赵国能腾出手来西拒强秦，意义非凡。同时，在此战中，李牧创造了步兵兵团围歼骑兵兵团的奇迹，堪称战争史上的典范。

破釜沉舟战巨鹿

秦末陈胜、吴广揭竿而起，原六国纷纷起兵反秦，秦大将章邯击杀楚军统领项梁后，又统兵围赵王于巨鹿（今河北平乡）。在秦国大军面前，各国援兵都驻兵不前。此时，楚将项羽率军渡过黄河，他凿沉船只，砸毁锅釜，誓与秦军决一死战。

秦朝末年，天下大乱，诸侯割据，军阀混战。公元前208 年，赵王（歇）被秦军将领王离率领二十万大军围困在巨鹿，无奈之下派使者向楚怀王求援。公元前 207 年，楚国上将军宋义率领军队来到安阳县，驻留四十六日不率军前进。项羽说："秦军包围赵军，战事十分危急，应该迅速带兵渡过黄河。我们楚军攻击秦军的外围，赵军则在城内呼应，这样一定能打败秦军！"宋义表示反对，想坐观秦、赵相斗，以收渔翁之利，并在军中下达命令说："凡是猛如虎，贪如狼，倔强不服从指挥的人，一律处斩！"宋义随后派他的儿子宋襄去齐为相，并亲自把他送到无盐县，大摆宴席招待宾客。当时天气寒冷，大雨不停，士兵饥寒交迫。十一月，项羽清晨去拜见上将军宋义时，就在营帐中斩杀了宋义。出帐后即向军中发布号令说："宋义与齐合谋反楚，楚王密令我杀了他！"这时，众将领都因畏惧而屈服，无人敢于抗拒，一致推立项羽为代理上将军。项羽即派人去追赶宋义的儿子宋襄，追至齐将他杀了。并遣使向楚怀王报告情况，楚怀王便让项羽担任了上将军。

这时候，章邯修筑甬道连接黄河，为王离供应军粮。王离军中粮食充足，即加紧攻打巨鹿。巨鹿城内粮尽兵少，张耳几次派人去叫陈馀前来营救。陈馀估计自己兵力不足，打不过秦军，故不敢到巨鹿来。如此过了几个月，张耳勃然大怒，埋怨陈馀，派人前去责备陈馀说："当初我和你结为生死之交，而今赵王和我很快就要死了，你拥兵数万，却不肯出手救援，赴难同死的精神在哪里啊！如果真守信用，何不攻击秦军而与我们一同战死，如此还有十分之一二能打败秦

军保全性命的希望。”陈馀道：“我揣测自己前去终究不能救赵，只会白白地使全军覆没。何况我之所以不和张耳同归于尽，是想为赵王、张耳向秦军报仇啊！现在一定要共同赴死，就如同把肉送给饿虎，有什么好处呢！”但张耳坚持要陈馀拼死一搏，陈馀无奈，只得派五千人先去试试秦军的力量，结果派去的五千人全军覆没了。当时，齐军、燕军都来救赵，张敖也到北面收集代地的士兵，得到一万多人，但是来后却都在陈馀军队的旁边安营扎寨，不敢进攻秦军。

项羽已经杀了宋义，威震楚国，就派当阳君英布和蒲将军领兵两万渡黄河援救巨鹿。战事稍稍有利，即截断章邯所修的甬道，使王离的军队粮草短缺。陈馀于是又请求增援兵力。项羽便率全军渡过黄河，都凿沉船只，砸毁锅、甑，烧掉营舍，只携带三天的口粮，以此表示军队将决一死战，毫无退还之意。因此楚军一到巨鹿就包围了王离，与秦军激战，经九次交锋，大败秦军。章邯领兵退却。各国的援兵这时才敢出击秦军，杀了苏角，俘获了王离，涉间不肯投降，自焚而死。此时，楚军的雄威压倒了诸侯军，援救巨鹿的诸侯国的军队有营垒十多座，却都不敢发兵出击。待到楚军攻打秦军的时候，诸侯军的将领都在营垒上观战。见楚军士兵无不以一当十，喊杀声惊天动地，诸侯军人人都惊恐不已。

巨鹿之战是一次具有决定性意义的大战。它不仅击垮了秦军的主力，扭转了整个战争的局面，奠定了秦朝灭亡的基

础，而且，此战过后，项羽被一致推举为“诸侯上将军”，一举成为反秦阵营中叱咤风云的英雄领袖。从力量对比上来看，当时秦军二十万，项羽的军队不过区区五万，秦军占有绝对优势。项羽最终打败秦军的主要原因在于其决心和勇气，这种破釜沉舟的决心和勇气不仅大大鼓舞了楚军的士气，激发了他们的战斗力，同时也极大地震慑了秦军，使他们闻风丧胆。

高祖亲征平英布

公元前196年，淮南王英布在得知韩信和彭越相继被杀后，举兵反叛。刘邦召集群臣问策，原楚国的令尹薛公分析英布军虽有上、中、下三计可施，但英布出身骊山刑徒，经过奋斗才成为万乘之主，他的所作所为只是为了自身，而不是为百姓谋福，不是为后代子孙考虑，所以只能用下策。英布的行动果不出薛公之谋，最后他战败逃走。

起初，淮阴侯韩信被杀，英布已感到心惊。待到彭越也遭处死，高祖又把他的肉制成肉酱分赐各地诸侯。使者到了淮南，淮南王英布正在打猎，见了肉酱，大为惊恐，便暗中派人部署军队，等候邻郡报警告急。英布有一个宠姬，因病去就医，医生与大夫贲赫住对门。贲赫便备下厚礼，陪同宠姬在医生家饮酒。英布却怀疑贲赫与宠姬私通，想抓起贲赫治罪。贲赫察觉，乘专车跑到长安城向高祖告发事变。英布见贲赫逃走向高祖控告，便杀光贲赫全家，举兵反叛。

高祖召集众将询问对策，大家都说：“发兵征讨，杀了这家伙罢了，他有什么能耐！”汝阴侯滕公夏侯婴召来原楚国的令尹薛公，向他征求意见。薛公说：“英布当然要反。”夏侯婴问：“皇上割地封给他，又赐爵位让他称王，还有什么造反的道理？”薛公回答道：“皇上不久前杀了彭越，再早些还杀了韩信，他们三人功劳相同，他自己疑心大祸将临，所以便造反了。”夏侯婴将此话告诉高祖，高祖于是传来薛公，问他，薛公回答说：“英布造反不足为怪。但是，如果他采用上策，崤山之东便不再是汉朝所有的了；如果他采用中策，两方谁胜谁负还难以预料；如果他采用下策，那么陛下就可以高枕无忧了。”高祖问：“什么是他的上策？”回答说:“向东攻取吴地，向西夺占楚地，吞并齐地，占据鲁地，传令给燕、赵两地，让他们固守本土，那么崤山以东就不在汉朝手中了。”“什么是他的中策？”“向东攻取吴地，向西夺占楚地，吞并韩地，占据魏地，掌握敖仓的储粮，阻塞成皋通道，那么谁胜谁负就难以预料。”“什么是他的下策？”“向东攻取吴地，向西夺占下蔡，然后把辎重送回越地，自己回到长沙，那么陛下就可以高枕无忧，汉朝就没事了。”高祖又问：“他将会使用哪种计策呢？”薛公说：“必使下策。”高祖问”“为什么他会

舍弃上、中策而采用下策呢？”薛公答道：“英布其人，原是个骊山的刑徒，自己奋力爬到王的高位，这些都使他只顾自身，不顾以后，更不会为百姓做长远打算。所以他必采用下策。高祖说：“好！”下令封薛公一千户，立皇子刘长为淮南王。

英布亲率大军向东进发，果然像薛公说的那样，向东击楚地。荆王刘贾败逃，死于富陵。英布夺取了刘贾的全部军队，渡过淮河攻击楚王。楚王起兵与英布在徐、僮两地之间交战。楚军分为三支军队，想互相救援，以此出奇制胜。有人对楚军将领说：“英布很会用兵，民众向来都害怕他。况且兵法上说：‘诸侯在自己的辖地上作战，这是容易让兵士逃散的。’现在把军队分为三部，敌军击败我军一部，其余二部都会逃散，哪能够相救？”楚军将领不听取这一意见。英布果然打败楚军的一部，其他两部军都四散而逃，英布便带兵向西进攻。十月，高祖与英布军在蕲县西遭遇。高祖军在庸城坚守营垒，与英布能互相望见。他远远地对英布说：“你何苦要谋反？”英布回答说：“我想当皇帝啊！”高祖发怒谩骂他，于是两军大战。英布军队败退而逃，渡过淮河，虽然几次稳住阵脚再战，仍不能取胜。他只好率一百余人逃到长江南岸，高祖便另派一员将军继续追击。汉军其他部众在洮水南、北攻击英布的军队，分别大败英布军。英布曾与番君吴芮结有婚姻之好，所以长沙成王吴臣派人诱骗英布，

假称想和他一起逃到南越去。英布果然中计，与使者前往，结果在布兹乡农民田舍被中阳人杀死。

耿弇大破张步

公元 29 年，汉将耿弇率军进攻张步。张步为了抗击汉军，派费邑守历下（今山东济南西），又分兵守祝阿（今山东长清东北）、太山（今山东泰山）、钟城（今济南南），列营数十，兵力分散。耿弇用以聚攻散之谋，将张步防守部队一一击败，连下四十营，迫使张步投降。

公元 29 年，光武帝刘秀命令建威大将军耿弇前去讨伐张步。耿弇先在外围扫荡，平定了济南郡，然后逐渐深入，威胁张步。当时，张步以剧县作为都城。派他的弟弟张蓝率领精兵两万人在西安县驻守，各郡太守集合一万多人守卫临菑，两地相距四十里。耿弇率领军队进军画中，画中位于西安和临菑之间。耿弇看到西安城虽然很小，却很坚固，张蓝的守军也很精锐；临菑虽然名为大城，但实际上却很容易攻取。于是传令各将校，五天以后会合，攻打西安。张蓝听说后，日夜警戒。到了预定的日期，半夜时分，耿弇命令各将领让部队在睡觉的地方吃饭。到了天亮，军队到达临菑城。只用了半天时间，就将城攻下，进入了临菑城。耿弇下令，不许军队抢掠，要等张步来了以后才掠夺财物，以激怒张步。西安的张蓝听说后，非常害怕，就率领军队逃回剧县。

张步听说临菑被攻下，便联合三个弟弟张蓝、张弘、张寿以及前大彤军首领重异等人的军队，号称二十万，抵达临菑城东，准备进攻耿弇。耿弇向刘秀报告，说：“我占据临菑，深挖战壕，高筑城墙。张步从剧县进攻，军队疲惫不堪。他要进军，我就引诱他进攻；他要撤退，我就追击。我依靠自己的营垒作战，以逸待劳，以实攻虚，十天之内，就能斩获张步的首级。”

耿弇率领军队出营，到淄水边遇到张步的军队。骑兵突击队想要进攻，耿弇担心挫了敌军的锐气，使张步不敢再前进，就率军回到临菑城，在城内驻扎，派都尉刘歆、泰山太守陈俊分别在城下布阵。耿弇故意表现自己的软弱，来助长对方的气焰。张步气盛，直接进攻耿弇的军营，与刘歆等人交战。耿弇登上原齐国宫殿残剩的高台，观察刘歆等人同张步交战的情况，时机一到，就亲自率领精锐部队，在东城下从侧面攻击张步，大败敌军。交战中有流箭射中耿弇的大腿，耿弇用佩刀砍断箭杆，继续指挥作战，直到天色渐黑时收兵。

第二天早晨，耿弇又率军出营交战。从早晨一直战到黄昏，再次大败敌军，杀伤敌人无数，尸体填满了水沟。耿弇料到张步失利后会撤退，预先在左右两翼设下了埋伏。深夜，张步果然率领军队撤退，埋伏的士兵发起进攻，一直追到巨昧河边，前后八九十里的路上留下一地的尸体。耿弇缴获张步的辎重几千车。张步逃回剧县，兄弟各自带兵撤回。

过了几天，刘秀抵达临菑，亲自犒劳军队，大宴群臣。刘秀进入剧县，耿弇则继续追击张步。张步逃奔平寿县，苏茂率领一万多人前来援救。苏茂责备张步说："凭南阳军的精锐，加上延岑那么善战，却被耿弇打败。大王为什么要前去进攻耿弇的阵地呢？您既然征召我来，就不能等等吗？"张步说："实在是惭愧，没有什么可说的。"刘秀派使者告诉张步、苏茂，能诛杀对方并投降的封侯。于是，张步杀死苏茂，到耿弇的军营门口，脱去上衣，袒露臂膀，向他投降，刘秀封张步为安丘侯。

虞诩增灶示强破羌人

公元 115 年，虞诩带领三千人马去武都迎击西羌，进至陈仓以后，突然被数千羌兵拦住去路。虞诩用驻守待援的谎言对敌进行诳骗，然后乘敌放弃堵截，领兵疾进。在倍道兼行的赶路途中，虞诩为了迷惑敌人，命令部队按日成倍增加锅灶，张其兵众。羌兵见汉军锅灶逐日递增，误以为武都的汉军已来接应，始终不敢轻易同汉军交战。

公元115年，朝中下诏书命令左冯翊司马钧代理征西将军之职，指挥关中各郡郡兵八千余人。护羌校尉庞参率领羌、胡兵七千余人，跟司马钧分路进军，共同攻打零昌。司马钧命右扶风仲光率兵收割羌人的庄稼，仲光等却违背司马钧的调度，分散兵力深入敌境，因此羌人设下埋伏，对仲光进行袭击。不久，右扶风仲光等惨败，全军覆没，死亡三千余人。司马钧逃回内地。庞参未能按期到达预定地点，也声称患病，撤退返回。司马钧和庞参被召回京城，逮捕入狱。朝廷任命马贤接替庞参，兼任护羌校尉，任命任尚为中郎将，驻防三辅。怀县县令虞诩向任尚建议道："依据兵法，弱的不去进攻强的，走的不去追赶飞的，这是自然之势。如今羌兵全都骑马，每天可行数百里，来时像疾风骤雨，去时像离弦飞箭，而我军用步兵追赶，势必追不上。所以，虽然集结兵力二十余万，旷日持久，却没有战功。我为阁下打算，不如让各郡郡兵复员，命他们每人出数千钱，二十人合买一匹马，这样便可用一万骑兵去驱逐数千敌寇，围追截击，羌人自然走投无路。既方便了百姓，也有利于战事，大功便可以成了！"于是，任尚根据虞诩的建议上书，被朝廷采纳。任尚派轻骑兵在丁奚城打败了杜季贡。

邓太后听说虞诩有将帅的韬略，便任命他为武都郡太守。赴任途中，数千羌军在陈仓崤谷集拦截虞诩。虞诩得知后，立即下令部队停止前进，宣称："我已上书请求援兵，等援兵到后，再动身出发。"羌军听说以后，立即分头前往邻县劫掠。虞诩乘羌军兵力分散之机，日夜前进，兼程行进了一百余里。他让官兵每人各做两个灶，以后每日增加一倍。于是，羌军不敢逼近。有人问虞诩："以前孙膑使用过

减灶的计策，而您却增加灶的数量；兵法说每日行军不超过三十里，以保持体力，防备不测，而您如今却每天行军将近二百里，这是什么道理?”虞诩说：“敌军兵多，我军兵少，走慢了容易被追上，走快了对方便不能探知我军的底细。敌军见我军的灶数日益增多，必定以为郡兵已来接应。我军人数既多，行动又快，敌军必然不敢追赶。孙膑有意向敌人示弱，我现在有意向敌人示强，这是由于形势不同的缘故。”虞诩到达郡府以后，兵员不足三千，而羌军有一万余人，围攻赤亭达数十日。虞诩向部队下令，不许使用强弩，只许暗中使用小弩。羌人误以为汉军弓弩力量微弱，射不到自己，便集中兵力猛烈进攻。虞诩见此，又命令部队改用强弩，并且每二十只强弩集中射一个敌人，射无不中。羌军大为震恐，纷纷败退。虞诩乘胜出城追击，毙敌甚多。次日，他集合全部兵众，命令他们先从东门出城，再从北门入城，然后改换服装，循环往复多次。羌人不知城中有多少汉军，于是更加惊恐不安。虞诩估计羌军将要撤走，便秘密派遣五百余人在河道浅水处设下埋伏，守住羌军的退路。羌军果然溃散奔逃，汉军乘机突袭，大败羌军。

从虞诩退羌军的计策看，可见运用兵法要根据实际情况随机应变。孙膑退军减少炉灶是向敌示弱，使其以为齐军怯战逃亡，以诱敌追击，在预先埋伏好的阵地以歼之。而虞诩兵少，羌军兵多，要越过敌人的拦阻，只能设法使其分散，而在急行军前进时，便反孙膑之法而行之，即增加炉灶使羌军误会其增军而不敢追击。显然，孙膑减灶是诱敌追击，而虞诩增灶是为慑敌，情况各异，目的不同，办法也就不同。虞诩令守城军全部出出入入，是向敌示其军之众，使敌产生错觉而不敢久留。虞诩对敌的整体战术，基本是用弱而示强之法。但在局部战术中，虞诩也用强而示弱之法，即先用小弓使敌误认其箭弱，以诱敌攻城，随后用强弩射之，使敌惊恐。虞诩用兵能随机应变，可以说是善于用兵者。

官渡之战

官渡之战是中国历史上著名的以弱胜强的战役之一。公元200年，曹操军与袁绍军相持于官渡（今河南中牟东北），在此展开战略决战。曹操奇袭乌巢（今河南封丘西），继而击溃袁军主力，奠定了曹操统一中国北方的基础。

公元200年，袁绍率军进攻许都，曹操进军官渡抵抗。袁绍驻军阳武，监军沮授劝袁绍说："我军数量虽多，但战斗力比不上曹军；曹军粮草短缺，物资储备比不上我军。我们应当做长期打算，拖延时间，打持久战。"袁绍没有听从。八月，袁绍大军向前稍作推进，依沙丘扎营，东西达数十里。曹操也把部队分开驻扎，与袁绍军营相对峙。

袁绍又派大批车辆运粮草，让大将淳于琼等率领一万余人护送，停留在袁绍大营以北四十里处。沮授劝袁绍说：

"可派遣蒋奇率一支军队，在运粮队的外围巡逻，以防曹操派军偷袭。"袁绍不听。许攸说："曹操兵少，而集中全力来进攻我军，许都由剩下的人守卫，防备一定空虚，如果派一支队伍轻装前进，连夜奔袭，可以攻陷许都。占领许都后，就奉迎天子以讨伐曹操，必能捉住曹操。即使曹军没有立刻溃散，也能使他首尾不能兼顾，疲于奔命，一定可将他击败。"袁绍不同意，说："我一定要先捉住曹操。"正在这时，许攸家里有人犯法，留守邺城的审配将他们逮捕，许攸知道后大怒，就投奔了曹操。

曹操听说许攸前来，等不及穿鞋，光着脚出来迎接他，拍手笑着说："许子卿，你远道而来，我的大事可成功了!"入座以后，许攸对曹操说："袁军势大，你有什么办法对付他？现在还有多少粮草?"曹操说："还可以支持一年。"许攸说："没有那么多，再说一次。"曹操又说："可以支持半年。"许攸说："您不想击破袁绍吗？为什么不说实话呢?"曹操说："刚才只是开玩笑罢了，其实只可应付一个月，怎么办呢?"许攸说："您孤军独守，外无救援，而粮草将尽，这是危急的关头。袁绍有一万多辆辎重车，在故市、乌巢，守军戒备不严密，如果派轻装部队袭击，出其不意，焚毁他们的粮草与物资，不出三天，袁绍大军就会自行溃散。"曹操大喜，于是留下曹洪、荀攸防守大营，亲自率领五千骑兵出击。军队一律用袁军的旗号，兵士嘴里衔着小木棍，把马

嘴绑上，以防发出声音，夜里从小道出营，每人抱一捆柴草。经过的路上遇到有人盘问，就回答说：“袁公担心曹操袭击后方辎重，派兵去加强守备。”盘问的人信以为真，毫无戒备。到达乌巢后，曹军围住袁军辎重，四面放火，袁军营中大乱。正在这时，天已渐亮，淳于琼等看到曹军兵少，就在营外摆开阵势，曹操进军猛击，淳于琼等抵挡不住，退守营寨，于是曹军开始进攻。

袁绍听到曹操袭击淳于琼的消息，对儿子袁谭说：“就算曹操攻破淳于琼，我仍会去攻破他的大营，让他无处可去。”于是，派遣大将高览、张郃去攻打曹军大营。张郃说：“曹操亲率精兵前去袭击，必能攻破淳于琼等，他们一败，辎重被毁，则大势已去，请先去救援淳于琼。”郭图坚持要先攻曹操营寨。张郃说：“曹操营寨坚固，一定不能攻克。如果淳于琼等被捉，我们都将成为俘虏。”但最终袁绍只是派轻兵去援救淳于琼，而派重兵进攻曹军大营，未能攻下。

袁绍增援的骑兵到达乌巢，曹操左右有人说：“敌人的骑兵逐渐靠近，请分兵抵抗。”曹操怒喝道：“敌人到了背后，再来报告！”曹军士兵都拼死作战，最终大破袁军，斩杀淳于琼等人，烧毁袁军全部粮秣。曹军将一千余名袁军士兵的鼻子全都割下，将所俘获的牛马的嘴唇、舌头也割下，送给袁绍军队看。袁军将士看到后，大为恐惧。郭图因自己的计策失败，心中羞愧，就又去袁绍那里诬告张郃，说：“张

郃听说我军失利，幸灾乐祸。”张郃听说后，又恨又怕，就与高览烧毁了攻营的器械，到曹营去投降。曹洪生恐中计，不敢接受他们投降。荀攸说：“张郃因为计策不为袁绍采用，一怒之下来投奔，您有什么可怀疑的!”于是接受张郃、高览的投降。

最后，袁军惊恐，全面崩溃。袁绍与袁谭等戴着头巾，骑着快马，率领八百骑兵渡过黄河而逃。曹军追赶不及，但缴获了袁绍的许多辎重和珍宝。官渡之战前，因双方实力悬殊，当时很多人都以为曹操必败，曹操属下的部将以及很多大臣，都纷纷暗中给袁绍写信，准备一旦曹操失败以后就归顺袁绍。曹操胜利后，在清理袁绍军营中文书材料时，发现了自己部下的那些信件。曹操为了安抚群臣，把这些信件全部烧掉了，并说：“战事之初，我也担心会失败，更别说其他人。”曹操的做法，对稳定大局起了很好的作用。

官渡之战，在曹操平定天下的过程中具有里程碑的意义。曹操根据敌强己弱的具体情况，采取后退一步、以逸待劳、后发制人的作战方针，在防御作战中，能从被动中力争主动，指挥灵活；面临危局，坚定沉着；善于捕捉战机，果断施行；善于听取部属意见，紧紧抓住奇袭乌巢这一关键环节，终于取得胜利。反观袁绍，政治上纵容豪强，兼并土地，任意搜刮，因而遭到百姓反对。袁绍内部不和，又骄傲轻敌，刚愎自用，不能采纳部属的正确建议，迟疑不决，一再丧失良机，终致粮草被烧，后路被抄，军心动摇，内部分裂，全军溃败。

赤壁之战

“赤壁之战”是曹操和孙权、刘备在今湖北江陵与汉口间长江沿岸的一场战略会战，对于三国鼎立局面的确立具有决定性的意义。它使得曹操势力不复南下的力量；孙权在江南的地位得到了进一步巩固；刘备乘机获取立足之地，势力日益壮大。三国鼎立的形势就此形成。

公元208年，东吴将领鲁肃听说荆州刘表去世，就对孙权建议说：“荆州与我们相邻，江山险固，沃野万里，百姓富足，如果能占据荆州，帝王的基业就奠定了。同时劝说刘备，让他安抚刘表的部众，一心一意，共抗曹操，刘备一定会高兴地接受的。如果能达到目的，就能平定天下。现在不赶快前去，恐怕就会让曹操占了先机。”孙权立即派鲁肃去荆州。

鲁肃到达夏口，听说曹操大军已向荆州进发，便日夜兼程前往，等他到达南郡时，刘琮已经投降曹操，刘备已经向南撤退。鲁肃便直接去见刘备，在当阳的长坂与他相会。刘备采纳了鲁肃的计策，进驻鄂县的樊口。

曹操从江陵出发，将要顺长江东下。诸葛亮对刘备说：“形势危急，我请求奉命去向孙将军求救。”于是，他和鲁肃一起去见孙权。诸葛亮在柴桑见到孙权，对孙权说：“天

下大乱，将军在长江以东起兵，刘备在汉水以南召集部众，与曹操共同争夺天下。现在，曹操已经消灭北方的主要强敌，接着南下攻破荆州，威震四海。在曹操大军面前，英雄无用武之地，所以刘备逃到这里，希望将军量力来加以安排。如果将军能以江东的人马，与占据中原的曹操相抗衡，不如及早与曹操断绝关系；如果不能，为什么不早点解除武装，向他称臣？现在，将军表面上服从朝廷，而心中犹豫不决，事情已到危急关头而不果断处理，大祸马上就要临头了。”孙权说：“假如像你说的那样，刘备为什么不投降曹操呢?”诸葛亮说：“田横，不过是齐国的壮士，还坚守节义，不肯屈辱投降，何况刘备是皇室后裔，英雄才略，举世无双，士大夫们对他的仰慕，如同流水归向大海。如果大事不成，这是天意，怎么能再居于曹操之下呢?”孙权勃然大怒，说：“我不能把全部吴国故地和十万精兵拱手奉送，去受曹操的控制。我的主意已定！除刘备以外，没有能抵挡曹操的人，但刘备新近战败之后，怎么能担当这项重任呢?”诸葛亮说：“刘备的军队虽然在长坂大败，但现在陆续回来的战士和关羽的水军加起来有一万精兵，刘琦集结江夏郡的战士，也不下一万人。曹操的军队远道而来，已经疲惫。听说在追赶刘备时，轻骑兵一天一夜奔驰三百余里，这正是所谓‘强弩射出的箭，到了力量已尽的时候，连鲁国生产的薄绸都穿不透’。而且，北方地区的人，不善于水战。另外，荆州地区的民众归附曹操，只是在他军队的威逼之下，并不是心悦诚服。如今，将军如能命令猛将统领数万大军，与刘备齐心协力，一定能打败曹军。曹操失败后，必然退回北方，这样荆州与东吴的势力就强大起来，可以形成鼎足三分的局势。成败的关键，就在今天！”孙权听后非常高兴，就去与他的部属们商议。

这时，曹操写信给孙权说：“最近，我奉天子之命，讨伐有罪的叛贼，军旗指向南方，刘琮降服。如今，我统领水军八十万人，将要与将军在吴地一道打猎。”孙权把这封书信给部属们看，他们无不惊惶失色。长史张昭等人说：“曹操是豺狼虎豹，挟持天子以征讨四方，动不动就用朝廷的名义来发布命令。如果今天我们进行抵抗，就更显得名不正而言不顺。况且将军可以抵抗曹操，是依靠长江天险。现在，曹操占有荆州的土地，刘表所训练的水军，包括数以千计的艨艟战船，已由曹操接管，曹操让全部船只沿长江而下，再加上步兵，水陆并进。这样，长江天险已由曹操与我们共有，而双方势力的众寡又不能相提并论。因此，依我们的愚见，最好是迎接曹操，投降朝廷。”只有鲁肃一言不发。孙权起身上厕所，鲁肃追到房檐下，孙权知道鲁肃的意思，握着鲁肃的手说：“你想说什么？”鲁肃说：“刚才，我观察众人的议论，他们只想贻误将军，不足以与他们商议大事。现在，像我鲁肃这样的人可以迎降曹操，但将军却不可以。为

什么这样说呢？现在我迎降曹操，曹操一定会把我交给乡里父老去评议，以确定名位，也还会做一个下曹从事，能乘坐牛车，有吏卒跟随，与士大夫们结交，步步升官，也能当上州、郡的长官。可是将军迎接曹操，打算到哪里去安身呢？希望将军能早定大计，不要听那些人的意见。”孙权叹息说：“这些人的说法，太让我失望了。如今，你阐明利害，正与我想的一样。”

当时，周瑜奉命到达番阳，鲁肃劝孙权把他招来。周瑜来到后，对孙权说：“曹操虽然名义上是汉朝的丞相，但实际上是汉朝的贼臣。将军以神武英雄的才略，又凭借父、兄的基业，割据江东，统治的地区有几千里，精兵足够使用，英雄乐于效力，应当横行天下，为汉朝清除邪恶的贼臣。何况曹操自己前来送死，怎么可以去投降呢？请允许我为将军分析：如今北方尚未完全平定，马超、韩遂还驻兵函谷关以西，是曹操的后患。而曹操舍弃鞍马，改用船舰，与生长在水乡的江东人来决一胜负。现在正是严寒，战马缺乏草料。而且，驱使中原地区的士兵远道跋涉来到江湖地区，不服水土，必然会发生疾疫。这几方面是用兵的大患，而曹操都贸然行事。将军抓住曹操的时机，正在今天。我请求率领精兵数万人，进驻夏口，保证能为将军击破曹操。”孙权说：“曹操老贼早就想要废掉皇帝，自己篡位，只是顾忌袁绍、袁术、吕布、刘表与我孙权。现在，那几个英雄都已被消

灭，只剩下我还在。我与老贼势不两立。你主张迎战曹军，正合我意，是上天把你授予了我！”孙权就势拔出佩刀，砍向面前的奏案，说：“将领官吏们，有胆敢再说应当投降曹操的，就与这个奏案一样！”于是散会。

当天夜里，周瑜又去见孙权，说：“众人只看到曹操信中说有水、陆军八十万而各自惊恐，不再去分析其中的虚实，就提出向曹操投降的建议，太不像话了。现在咱们据实计算一下，曹操所率领的中原部队不过十五六万人，而且长期征战，早已疲惫；新接收的刘表的部队，至多有七八万人，仍然心怀猜疑。疲惫的士卒，心怀猜疑的部众，人数虽多，其实并没有什么可怕的。我只要有五万精兵，就足以制服敌军，望将军不要有顾虑！”孙权拍着周瑜的脊背说：“公瑾，你说的正合我意。张昭、秦松等人，各顾自己的妻子儿女，怀有私心，非常令我失望。只有你与鲁肃和我的看法相同，这是上天派你们两个人来辅佐我。”于是，孙权任命周瑜、程普为左、右都督，率兵与刘备合力迎战曹操；又任命鲁肃为赞军校尉，协助筹划战备。

周瑜大军继续前进，在赤壁与曹操相遇。当时曹操的部队中已发生疾疫。两军初次交战，曹军失利，退到长江北岸。周瑜等驻军在长江南岸，周瑜部将黄盖说：“如今敌众我寡，难以长期相持。曹军把战船连在一起，首尾相接，可以用火攻，击败曹军。”于是，选取战船十艘，装上干荻和

枯柴，在里边浇上油，外面裹上帷幕，上边插上旌旗，预先备好快船，系在船尾。黄盖先派人送信给曹操诈降。当时东南风正急，黄盖将士的战船排在最前面，到江心时升起船帆，其余的船在后依次前进。曹操军中的官兵都走出营来站着观看，指着船说，黄盖来投降了。等到离曹军还有两里多远时，那十艘船同时点火，火烈风猛，船像箭一样向前飞驶，把曹军战船全部烧光，火势还蔓延到曹军设在陆地上的营寨。顷刻间，浓烟烈火，遮天蔽日，曹军人马烧死和淹死的不计其数。周瑜等率领轻装的精锐士兵紧随其后，鼓声震天，奋勇向前，曹军大败。曹操率军从华容道撤退，遇到大雨，地面泥泞不堪，道路不通，天又刮起大风，曹军损失惨重。刘备、周瑜水陆并进，追赶曹操直至南郡。这时，曹军又累又饿，死伤大半。曹操遂留下曹仁和徐晃镇守江陵，乐进镇守襄阳，自己率军返回北方。

曹操在统一北方之后，乘势向江南进军，一举夺占荆州。在此关键时刻，本应集中力量，彻底追歼刘备，然后再图东吴。然而，他却骄傲轻敌，同时攻打两个敌人，以致促成孙、刘联合抗曹，使自己处于不利地位。在这场战争中，处于劣势的孙、刘联军，面对兵力众多的曹军，正确分析形势，找出其弱点和不利因素，采取密切协同、以长击短、以火佐攻、乘胜追击的作战方针，打得曹军丢盔弃甲，狼狈北窜，使曹操“横槊赋诗”、并吞寰宇的雄心就此付诸东流，赤壁之战也因此而成为历史上运用火攻，以弱胜强的著名战役。

关羽大意失荆州

关羽大意失荆州，千百年来让人为之叹息。在关羽身上，曾有“温酒斩华雄”“过五关斩六将”的传奇，那么为什么关羽这一次会输得一败涂地？这中间到底发生了什么？孙权和曹操又在背后做了什么，从而导致关羽大败？

公元219年秋，前将军关羽率军向樊城的曹仁进攻。曹仁派左将军于禁、立义将军庞德等人到樊城以北驻扎。当时，接连下了几场大雨，汉水泛滥，平地水深数尺，于禁等人的七支部队都遭到水淹。于禁等人走投无路，于是向关羽投降。庞德经过苦战，最后被擒，但他不肯投降，被关羽杀死。关羽得到于禁等人的士兵几万人，粮食供应不上，便擅自取走了孙权在湘关粮仓的存粮。孙权听到这个消息，就派遣吕蒙为统帅进攻关羽。

孙权写信给魏王曹操，请求允许他讨伐关羽，为朝廷效力，并请求不要把消息泄露出去，使关羽有所防范。曹操问群臣，群臣都说应当保密。董昭却说：“军事行动，注重权变，要求合乎时宜。我们应当答应孙权为他保密，但暗中将消息泄露出去。关羽知道孙权来信的内容以后，若要回兵保护自己，樊城的包围就迅速解除，我们便可获利。同时，还

使孙权、关羽像两匹被勒住马衔的斗马一样，相互敌对而动弹不得，我们可以坐着等待他们筋疲力尽。如果保守秘密不泄露，使孙权如意，这不是上策。再者，被围的将士不知道有救兵，计算城中粮食不足以持久，心中会惶恐不安。倘若再有其他的想法，危害不会小，还是泄露出去为好。况且关羽为人强悍，自恃江陵、公安两城防守坚固，一定不会很快退兵。”曹操说：“很对！”立即下令徐晃将孙权的书信用箭射入围城之内和关羽军营中。被围的将士得到书信后，士气倍增，关羽果然犹豫不决，不愿撤兵离去。

关羽在围头派有军队驻守，在四冢还有驻军。徐晃于是扬言将进攻围头，却秘密攻打四冢。关羽见四冢危急，便亲自率领步、骑兵五千人出战，徐晃迎击，关羽退走。关羽在堑壕前围有十重鹿角，徐晃追击关羽，二人都进入关羽对樊城的包围圈，包围圈被打破，傅方、胡修都被杀死，于是关羽撤围退走，然而去襄阳的路仍隔绝不通。

吕蒙到达浔阳，把他的精锐士兵都藏在普通的船中，让百姓摇橹，都穿着商人的衣服，日夜兼程。又将关羽设置在江边据点里的侦察人员全都捉了起来，所以关羽对吕蒙的行动一无所知。公安、南郡守将麋芳、傅士仁负责供应军需物资，没能全部按时送到。关羽说：“回去以后，一定要治他们的罪。”麋芳、傅士仁二人非常害怕。吕蒙到达后，命令原骑都尉虞翻写信劝说傅士仁，为他指明利害得失。傅士仁收到虞翻的书信，立刻便投降了。吕蒙将傅士仁带至南郡。麋芳守城，吕蒙要傅士仁出来与他相见，麋芳于是开城出来投降。

关羽得知南郡失守后，立即向南回撤。曹仁召集将领们商议，众人都说："如今趁关羽身处困境，内心恐惧，可派兵追击，将他擒获。"赵俨说："孙权侥幸乘关羽和我军鏖战之机，试图截断关羽后路，又顾忌关羽率军回救，怕我军趁其双方疲劳时，从中取利，所以才言辞和顺地请求为我效力，不过是乘时机的变化观望胜败罢了。如今关羽已势单力孤，正仓促奔走，我们更应让他继续存在，去危害孙权。如果对战败的关羽穷追不舍，孙权就将由防备关羽改为给我们制造祸患了，魏王必将对此深为忧虑。"于是，曹仁下令不再穷追关羽。

关羽多次派使者与吕蒙联系，吕蒙每次都厚待关羽的使者，允许其在城中各处游览，向关羽部下亲属各家表示慰问，有人亲手写信托他带走，作为平安的证明。使者返回，关羽部属私下向他询问家中情况，尽知家中平安，所受安抚超过以前，因此关羽的将士都无心再战。关羽自知孤立困穷，便向西退守麦城。孙权派人诱降，关羽伪装投降，把幡旗做成人像立在城墙上，然后逃遁，士兵都跑散了，跟随他的只有十余名骑兵。孙权已事先命令朱然、潘璋切断了关羽的去路。十二月，潘璋手下的司马马忠在章乡擒获关羽及其儿子

关平，予以斩首。于是，孙权占据荆州。

荆州是三国时期各方争夺的焦点，刘备集团失守荆州，直接导致隆中对策略无法完成，迫使诸葛亮只能通过崎岖的蜀道，在祁山一次又一次徒劳无功地拼耗蜀汉本就疲弱的国力。而关羽作为失守荆州的第一责任人，当然难辞其咎。

陆逊火烧连营

公元221年，刘备不听诸葛亮和赵云等人的劝阻，亲率西川精锐大军数十万，以为关羽和张飞报仇的名义，大举向东吴进攻，大军自巫峡至夷陵连营数百里，大有一举踏平东吴之势。

刘备从秭归出兵，进攻孙权为关羽报仇。治中从事黄权进谏说："吴人剽悍善战，而我们的水军顺长江而下，前进容易，撤退困难。我请求当先锋，向敌人发动进攻，陛下您在后方坐镇。"刘备没有听从，反而任命黄权为镇北将军，让他统领长江以北各路蜀军，自己则率领军队，从长江以南翻山越岭，驻扎在夷道县的猇亭。

吴国将领都请求出兵迎击，主帅陆逊说："刘备率军沿长江东下，锐气正盛，而且凭据高山，坚守险要，很难向他们发起迅猛的进攻。即使攻击成功，也不能完全将他们击败，如果攻击不利，将损伤我们的主力，绝不是小小的失误。目前，我们只有褒奖和激励将士，多方采纳和实施破敌的策略，观察形势的变化。如果这一带为平原旷野，我们还要担心有互相追逐的困扰；如今他们沿着山岭部署军队，不但兵力无法展开，反而困在树木乱石之中，自己会渐渐筋疲力竭，我们要有耐心，等待他们懈怠而加以攻击。”各位将领仍不理解，认为陆逊惧怕刘备大军，对他强烈不满。

蜀军自巫峡建寨扎营，直至夷陵附近，设立数十座营盘，以冯习为总指挥，张南为前军指挥，从正月开始与吴军对峙，到六月仍未决战。刘备命令吴班率数千人在平地扎营。吴军将领都请求出击，陆逊说：“这一定有诡诈，我们暂且观察。”刘备见计划无法实现，只好命令八千伏兵从山谷中出来。闰六月，陆逊向蜀军发动进攻，战斗失利，将领们都说：“白白损兵折将！”陆逊说：“我已经有了破敌之策。”于是，命令士兵每人拿一束茅草，用火攻击，得胜。陆逊又乘势领各路军队全面出击，攻占蜀军营垒四十余座。蜀将杜路、刘宁走投无路，只得向吴军请求投降。

刘备登上马鞍山，环绕自己布置军队，陆逊督促各军四面围攻，缩紧包围圈，蜀军土崩瓦解，战死一万余人。刘备连夜逃入白帝城。蜀军的船只、器械，水、陆军的军用物资，一下子全被夺去，尸体塞满长江江面，顺流而下。刘备既惭愧又悲愤地说：“我被陆逊羞辱，这是天意啊！”义阳人傅彤掩护大军退却，部下全部战死，他却愈战愈勇，吴军劝他投降，他大骂说：“吴国贼兵，哪有汉将军会投降的！”最终血战而死。从事祭酒程畿逆长江乘船退却，部下说：“后面追兵紧迫，应把两船联结的方舟拆开，轻舟撤退。”程畿说：“我从军以来，还未学过如何逃跑。”最终也战死了。

当初，魏文帝听蜀军树立木栅扎营，相连七百余里，便对他的大臣们说：“刘备不懂军事，哪有连营七百里能够和敌人对峙的！在杂草丛生、地势平坦、潮湿低洼、艰险阻塞处安营的军队，一定会被敌人打败，这是兵家大忌。孙权报捷的上奏，很快就会到来。”果然，仅过七天，吴军攻破蜀军的捷报就送来了。

淝水之战

西晋末年政治腐败，引发了社会大动乱，中国历史进入了分裂割据的南北朝时期。在南方，晋琅琊王司马睿于公元317年在建康（今江苏南京）称帝，建立东晋，占据了汉水、淮河以南大部分地区。在北方，各少数民族政权纷争迭起。由氐族人建立的前秦国先后灭掉前燕、代、前梁等割据国，统一了黄河流域。后又于公元373年攻占了东晋的梁（今陕西汉中）、益二州，将势力扩展到长江和汉水上游。前秦皇帝苻坚因此踌躇满志，欲以“疾风扫秋叶”之势，一举荡平偏安江南的东晋，统一南北。就在这种背景下，淝水之战爆发了。

公元 383 年，前秦开始大举入侵东晋。八月，前秦王苻坚从长安出发，九月到达项城，凉州的军队才到达咸阳，巴蜀、汉水地区的军队刚沿着长江东下。前秦阳平公苻融等率领的三十万军队，首先到达颍口。十月，阳平公苻融等攻打寿阳。十八日，攻克了寿阳。东晋谢安派出将领胡彬率领水军沿着淮河向寿阳进发。在路上，胡彬得知寿阳已经被前秦的前锋苻融攻破，只好退到硖石（今安徽凤台西南），扎下营来，等待与谢石、谢玄的大军会合。苻融占领寿阳以后，又派部将梁成率领五万人马进攻洛涧（今安徽淮南东），截断了胡彬水军的后路。苻坚到了寿阳，跟苻融商量，认为晋军已经不堪一击，就派了一个使者到晋军大营去劝降。那个使者不是别人，恰恰是前几年在襄阳坚决抵抗过前秦军、后来被俘虏的朱序。朱序向谢石提供了前秦军的情报。他说："这次苻坚发动了百万人马攻打晋国，如果全部人马一集中，恐怕晋军没法抵挡。现在趁他们人马还没到齐，你们赶快发起进攻，打败他们的前锋，挫伤他们的士气，就可以击溃前秦军了。"

朱序走了以后，谢石再三考虑，认为寿阳的前秦军兵力很强，没有把握打胜，还是坚守为好。谢安的儿子谢琰劝说谢石听从朱序的建议，尽快出兵。谢石、谢玄经过一番商议，就派北府兵的名将刘牢之率领精兵五千人，先对洛涧的前秦军发起突然袭击。这支北府兵果然名不虚传，他们像插了翅的猛虎一样，强渡洛涧，个个勇猛非凡。守在洛涧的前秦军不是北府兵的对手，勉强抵挡一阵就败了下来，前秦将领梁成被晋军杀了。前秦兵争先恐后渡过淮河逃走，大部分掉在水里淹死了。

洛涧大捷，大大鼓舞了晋军的士气。谢石、谢玄一面命令刘牢之继续援救硖石，一面亲自指挥大军，乘胜前进，直到淝水（今淝河，在安徽寿县南）东岸，把人马驻扎在八公山边，和驻扎寿阳的前秦军隔岸对峙。

洛涧告败后，苻坚命令前秦兵严密防守。晋军没能渡过淝水，谢石、谢玄十分着急。如果拖延下去，只怕各路前秦军到齐，对晋军不利。谢玄派人给苻坚送去一封信，说："你们带了大军深入晋国的阵地，现在却在淝水边摆下阵势，按兵不动，这难道是想打仗吗？如果你们能把阵地稍稍往后撤一点，腾出一块地方，让我军渡过淝水，双方在战场上决一雌雄，这才算有胆量呢！"苻坚一想，要是不答应后撤，不是承认我们害怕晋军吗？他马上召集前秦军将领，说："他们要我们让出一块阵地，我们就撤吧。等他们正在渡河的时候，我们派骑兵冲上去，将他们消灭。"谢石、谢玄得到苻坚答应后撤的回复，迅速整顿人马，准备渡河进攻。

约定渡河的时刻到了，苻坚一声令下，苻融就指挥前秦军后撤。他们本来想撤出一个阵地就回过头来进攻。没料到前秦兵因厌恶战争，又害怕晋军，一听到后撤的命令，撒腿就跑，再也不想停下来了。谢玄率领八千多骑兵，趁势飞快渡过淝水，向前秦军猛攻。这时候，朱序在前秦军阵后叫喊起来："秦兵败了！秦兵败了！"后面的兵士不知道前面的情况，只看到前面的前秦军往后奔跑，也转过身跟着边叫嚷，边逃跑。苻融气急败坏地挥舞着剑，想压住阵脚，但前秦兵像潮水般地往后涌来，哪里压得住。一群乱兵冲来，把苻融的战马冲倒了。苻融挣扎着想起来，晋兵已经从后面冲上来，把他一刀砍了。主将一死，前秦兵更是像脱了缰的野马一样，四处狂奔。阵后的苻坚看到情况不妙，只好骑上一匹马拼命逃走。不料一支流箭飞来，正好射中他的肩膀。苻坚顾不得疼痛，继续催马疾走，一直逃到淮北才喘了口气。晋军乘胜追击，前秦兵没命地溃逃，被挤倒的、踩死的兵士，满山遍野都是。那些逃脱的兵士，一路上听到风声和空中的鹤鸣声，也以为是东晋追兵的喊杀声，吓得不敢停下来。

淝水之战，前秦军被歼和逃散的共有七十多万。唯有鲜卑慕容垂部的三万人马尚完整无损。此战的胜利为江南地区社会经济的恢复和发展创造了条件。

同舟共济守盱眙

春秋时吴人与越人是仇敌，可是当他们同乘一条船，遇到大风，危急的时候，却像左右手一样互相救助。后人便以

"同舟共济"比喻不计旧怨，共渡难关。公元450年，沈璞守盱眙（今江苏盱眙），南朝将领臧质兵败，要求入城。僚佐认为，如果让他们进城，城里地狭人多，且不能专攻，主张闭门不纳。沈璞却认为应该同舟共济，共同退敌，共守盱眙。魏军前进，三旬不下，只好烧毁攻具而退。

公元450年，文帝刘义隆北伐，宁朔将军王玄谟在滑台战败，让北魏军队深入刘宋腹地。十二月，刘义隆派辅国将军臧质率领一万士兵援救彭城。臧质到达盱眙时，发现北魏军队已绕过彭城，渡过淮河。臧质军队被北魏军击败，臧质抛弃辎重器械，带领七百人奔赴盱眙。当初，盱眙太守沈璞接任时，王玄谟正在围攻滑台，长江、淮河一带平安无事。沈璞认为盱眙郡正处在交通要道上，于是，他下令修缮城池，加固城墙，疏通并挖深环城壕沟，积蓄财力粮食，储备利箭石头，作城池被围的准备。当时，他的幕僚臣属们都认为没有必要，朝廷也认为他做得太过分了。现在北魏军队向南进攻，各地太守、宰丞大多都放弃城池，各自逃命。沈璞却坚守盱眙，召集士兵，得到精锐两千人。不久，臧质逃奔到盱眙城，众将对沈璞说："如果臧质的军队能够击退敌人保住城池，功劳不就都是我们的；如果我们撤退回到都城，双方都要依靠船只，这样又必然会进一步相互残杀，足以给我们带来祸害。不如关闭城门不接收他们。"沈璞叹息说："胡虏肯定不能攻破我们的城池，我敢向各位保

证。我们乘船撤退的计划，本来早就否定了，胡虏的凶狠残暴却是自古至今都没有过的。他们屠杀掠夺的残暴，是有目共睹的，其中最幸运的人也只不过是被驱赶到北魏做奴隶、婢女。臧质虽然统领的是一批乌合之众，难道他们不怕这些吗？所谓‘乘同一条船过河，吴人、越人也会齐心’的说法，正是指的这些事情。因此，现在我们兵多，胡虏就会很快地退却，兵少，他们退却就慢。难道我们为了独占这份功劳，而宁愿让胡虏留下为患吗？”于是，打开城门，接纳了臧质一行人。臧质看到盱眙城内准备充实，生活富足，十分高兴，手下将士都欢呼万岁，臧质于是就与沈璞一同驻守盱眙城。

北魏军队南下进犯，不准备粮食用品，只靠掳掠来维持生活。他们渡过淮河时，老百姓大多都躲了起来，因此劫掠也没有得到什么东西，致使人马处于饥饿困乏之中。他们听说盱眙有存粮，就打算把盱眙的粮食作为回国的物资。北魏国主击败了胡崇之等人，围攻盱眙而没有攻克，就留下大将韩元兴率领几千人驻守在盱眙城外，自己率领大军南下。为此，盱眙得以进一步完善防备工程。

第二年春天，北魏军队撤退，路过盱眙的时候，顺势进攻盱眙城。拓跋焘派人向臧质索要好酒，臧质把尿封在坛子里送给他。拓跋焘勃然大怒，围着盱眙城修筑长墙，一夜之间就已合拢。又搬来东山的土石填平沟渠，在君山上架起浮桥，断绝了盱眙城与外界的水陆通道。拓跋焘写信劝降，臧质在回信中把他痛斥了一顿。拓跋焘更加愤怒，命人做了一个铁床，在上面倒放钉耙，说："攻下城池，捉住臧质，我一定让他坐在这上面！"北魏军队用钩车钩住城楼，城里的守卫就用铁环制成的大铁链拴住钩车，拉住铁链，北魏的钩车无法后退。夜里，守军用桶把士兵从城上放下来，砍断车钩，缴获了钩车。第二天早晨，魏军又用冲车攻城，城墙很牢固，每次只能撞下几升墙土。魏军派士兵攀登城墙，分成几组轮流进攻，摔下来再重新攀登，没有人后退，被杀伤的士兵有几万人，尸体堆得和城墙一样高。这样进攻了三十多天，仍然没有攻下。正赶上魏军中很多士兵生病。有人报告说：建康派遣水军从东海进入淮河，又命令彭城守军切断了北魏军队的退路。二月，拓跋焘命令焚毁攻城器械，全军撤退。盱眙守军想追击，沈璞说："现在我们的兵力并不多，不足以出城交战。不过还是要整顿船只，装出要北渡淮河的样子，能让他们加快逃走。"臧质因为沈璞是盱眙城主，就让他向朝廷通报胜利。沈璞坚决辞让，把功劳全都归于臧质。刘义隆听说后，愈加奖赏他。

盱眙之围，刘宋以不足万人的小城，顶住了北魏五十万大军几个月的猛攻，迫使北魏最终北撤，保住了盱眙，可以说是南朝战史上不多的亮点。此战使北魏伤亡惨重，更使得魏军视攻城为死途，三十年不敢南下。

宇文泰渭曲出奇兵

南北朝的战争尤以东西魏的战争最为激烈，双方互相攻伐，许多战役堪称经典。当时高欢掌东魏大权，宇文泰掌西魏大权，两人都有一统天下的野心，因此两虎必有一争。

公元537年，西魏丞相宇文泰统率军队讨伐东魏。九月，东魏丞相高欢率领二十万军队，从壶口出发，抵达蒲津迎敌。又在蒲津渡过黄河，然后绕过冯翊城，渡过洛水，在许原的西部扎营。宇文泰抵达渭河南岸，征集各州的兵马，都没有来。他想要进攻高欢，各将领都认为兵力悬殊太大，无法抵挡对方，请求等高欢继续西进，再观察形势。宇文泰说："高欢如果抵达长安，人心就会受到干扰。现在趁他刚刚远道而来，正可以攻击他。"他立刻下令在渭河建造浮桥，命令将士准备三天的干粮，轻装骑马渡过渭河，辎重则从渭河南岸沿着渭河往西运送。

十月初一日，宇文泰到达沙苑，距离东魏的军队只有六十里。宇文泰派须昌县令达奚武侦察高欢的军情，达奚武带着三名骑兵，穿上与高欢士兵一样的衣服。太阳下山后，他们在距离敌营几百步的地方下马，偷偷听到对方的口令，然后上马穿越军营，好像是夜间警戒的士兵，发现有不守军规的，还上去鞭打，详细了解敌情之后返回。外出侦察的骑兵回来报告说高欢的部队快要到达，宇文泰马上召集各位将领商量对策。开府仪同三司李弼说道："眼下敌众我寡，所以我们不能在平坦的地方布置战阵，此处以东十里地有一个叫渭曲的地方，可以先占据那里等待高欢的人马。"宇文泰根据李弼的意见，在渭曲背靠河水的东西两面布置了战阵，命令将士们持长兵器隐蔽在芦苇丛中，约定听到鼓声响起之后再起来。

大约快到傍晚的时候，东魏的兵马来到了渭曲，都督斛律金对高欢说道："宇文泰差不多把全国的部队都带了出来，要和我们决一死战，就好像一条疯狗一样，有时候也能咬人一口，况且渭曲这个地方芦苇丛深，烂泥淤积，无法用力，我们还不如暂缓与他们相持，先秘密地派出精锐部队径直突袭长安，一旦他们的老窝被攻破之后，则宇文泰可以不战而擒。"高欢问道："放火焚烧芦苇丛，怎么样？"侯景说道："我们应当活捉宇文泰，把他带到老百姓面前示众，如果他被烧死在人群中，谁会相信他真的完了？"彭乐更是盛气凌人地请求出战，他说："我们人多，敌军人少，一百人抓一个人，还有什么必要担心打败不了他们？"高欢接受了他的意见。东魏的士兵看到西魏的士兵人数少，便争先恐后地冲上前去袭击对方，原来的队列已经乱哄哄不成样子。等两方的人马刚要交战的时候，西魏的丞相宇文泰敲响了战鼓，战士们都奋勇而起，东魏部队被拦腰切断，首尾不能相顾，于是一败涂地。

东魏的丞相高欢准备暂且收兵再战，于是派遣张华原带着登记簿穿梭在各个军营之中清点官兵人数，可是没有应答之声，只好回去向高欢报告："大家都已经跑光，各处军营全空了！"高欢还是不肯离去。斛律金劝高欢说："众人之心已经离散，无法再利用了，我们应该尽快赶往河东。"高欢依然坐在马鞍上一动不动，斛律金干脆挥鞭抽打他的马，高欢这才迅速离开。这一仗，高欢损失了八万名士兵，丢弃了十八万副盔甲与兵器。西魏的丞相宇文泰追赶高欢一直追到了黄河边上，他在被打散的东魏军中挑选留下了两万多名士兵，其余的都释放回去。都督李穆对宇文泰说："高欢这下子被吓破胆了，如果我们迅速追赶的话，可以俘虏他。"宇文泰没有听取李穆的意见，而是带领军队回到了渭河以南。那些被征的士兵刚到，他们就被要求在交战的地方每人栽种一棵柳树，以纪念这场战争的胜利。

这次战争的意义在于彻底断绝了高欢吞并西魏的可能，奠定了宇文泰的权威地位。宇文泰在战后被封为柱国大将军，政治威望与日俱增，此后双方的拉锯战成为主要作战方式，进入战略相持阶段。

韦孝宽金城汤池守玉壁

"敕勒川，阴山下，天似穹庐，笼盖四野。天苍苍，野茫茫，风吹草低见牛羊。"这首著名的《敕勒歌》大家都很熟悉，它描绘了北国草原的辽阔无垠、气势恢宏。但你是否知道它是高欢病中在玉璧班师晋阳后，出于兵败后激励将士，由骁将斛律金作的。这首传诵千古的名篇是借玉璧之战进入官书而流传下来的。

公元546年秋，东魏丞相高欢发动崤山以东的全部兵马，准备讨伐西魏。八月二十三日，高欢率军从邺城出发，与其他将领在晋阳会合。九月，高欢大军抵达并州的州治玉璧，将玉璧城团团包围。此前，西魏并州刺史王思政离任，西魏丞相宇文泰让他推荐接替的人，王思政推荐了晋州刺史韦孝宽，被宇文泰任用。高欢军队向玉璧守军挑战，守军不理，只在城内坚守。

高欢的军队白天黑夜连续不停地进攻玉璧，西魏的韦孝宽随机应变，抵抗他们的进攻。玉璧城里没有水源，要从汾河取水，高欢就派人把汾河水改道，一个晚上就完成了。高欢在城南堆起一座土山，想利用它攻入城里。玉璧城上有两座城楼，韦孝宽让人把木头绑在城楼上，让它比东魏堆的土山高，以抵挡进攻。高欢派使者告诉韦孝宽说：“就算你把木头接在城楼高到天上，我还是会挖地洞攻取你。”于是，挖掘了十条地道，又采用术士李业兴的“孤虚法”，聚集人马进攻城北。城北是天险地形，韦孝宽让人挖了一条很长的壕沟，用来阻挡高欢的地道。他挑选士兵在大沟上驻守，每当东魏军穿过地道到达大沟，士兵都能把他们擒获或者杀掉。

他们又在沟外堆了很多柴草，一旦东魏军进入地道，就把柴草点燃，塞进地道，用皮排鼓风，地道里的东魏军全都被烧得焦头烂额。

东魏军又用攻城战车撞击城墙。战车撞到的地方都被撞坏，西魏军无法抵挡。韦孝宽就用布缝制成布幔，顺着战车进攻的方向张开。布悬在空中，战车无法撞坏。东魏军又用松、麻等易燃物绑在车前的长竿上，在里面灌上油点燃，用来烧毁布幔，还想焚烧城楼。韦孝宽让人制造了长钩，把刀刃磨利，等着火的长竿快到的时候，用长钩远远地砍断，绑在竿上的松麻全都掉到地上。东魏军又在玉璧城四周挖了二十条地道，在地道里用木柱撑住城墙，然后放火焚烧，木柱折断，城墙崩塌。韦孝宽在崩塌的地方竖起木栅栏，东魏军无法攻入。

东魏军在城外已经用尽进攻的方法，在城里守卫抵挡的办法还有很多，韦孝宽又从高欢手里夺取了那座土山。高欢无计可施，就派仓曹参军祖珽劝说韦孝宽："您独自一个人守卫这座孤城，四面又没有救兵，恐怕最终也不能保全它。为什么不投降呢？"韦孝宽回答他说："我的城池坚固无比，士兵和粮食都很充足，进攻的人是白白辛苦，而守城的人却以逸待劳，哪有一个月之内就需要别人援助的。我倒是担心你们这么多人有回不去的危险。"祖珽又对城里的人说："韦孝宽享受着西魏的荣华富贵和功名利禄，倒还可以这样

做，但其余的士兵和百姓，为什么还要跟他一起赴汤蹈火呢?”于是，便向城里射去悬赏捉拿韦孝宽所定的报酬数额，上面写道：“凡是能斩杀韦孝宽而投降的人，就拜他为太尉，并且加封他为开国郡公，赏赐万匹绢帛。”韦孝宽见此，便在它的背面提笔写字射回城外，上写：“能杀掉高欢的人，也能得到同样的奖赏。”东魏的军队对玉璧城苦苦攻打了五十天，战死以及病死的士兵总共达到七万人，全都埋在一个大坟墓里。高欢的智谋用尽了，也未攻下玉璧城，又气又急，因此得了疾病。这时，有颗流星坠落在高欢的军营中，东魏的士兵都很惊慌，于是东魏军队放弃攻城，离开了玉璧。

从公元534年北魏分裂为东魏和西魏，至公元589年隋统一的约半个世纪中，在东魏、西魏和南朝三方的鼎峙中，东魏在国力军力上均占优势，在实战中互有胜负。玉璧之战后，原来最弱小的西魏，开始在三方角逐中始终占据着战略主动地位，在历次重大战役中保持不败纪录，国力军力后来居上，直至以其为基础的北周以及以北周为基础建立的隋朝，终于再次取得中国古代历史上的大统一。由此可以看出玉璧之战在中国历史上的地位。

李世民讨伐刘武周

唐初，马邑（今山西朔县）割据势力刘武周欲南下争夺天下。公元619年秋，刘武周攻陷太原，派大将宋金刚继续南进，先后占领晋州（今山西临汾）、绛州（今山西绛县）、龙门（今山西河津）等地。十一月，李世民率关中精兵，在龙门渡过黄河，屯兵柏壁，与宋金刚军相持。唐军占据有利地形后，用以饱待饥之策，坚守不出，养精蓄锐。宋金刚军远道而来，补给困难，日见饥困。次年四月，宋金刚军中粮食吃尽，只好退走。李世民引兵追击，大败宋金刚军，俘杀数万人。后刘武周、宋金刚逃往突厥被杀。

唐高祖派遣殿内监窦诞和右卫将军宇文歆协助并州总管齐王李元吉镇守晋阳。隋朝末年，马邑人刘武周趁天下大乱之际，杀死马邑太守自代。为了立稳脚跟，他派遣使者依附于突厥。公元619年秋，依附突厥的刘武周派兵攻打唐朝的并州（治所晋阳），齐王李元吉欺骗司马刘德威说："你用老弱守城，我用强兵出战。"九月十六日，李元吉夜间出兵，携带他的妻妾放弃并州城逃回长安。李元吉刚离开，刘武周的军队就已经到达城下，晋阳土豪薛深开城接纳刘武周。高祖听到这个消息，大发雷霆，对礼部尚书李纲说："元吉年轻，不熟悉时势大事，所以我派窦诞、宇文歆辅助他。晋阳强兵数万，粮可支持十年，是兴我王业的基础，竟然一天就放弃了。听说是宇文歆首先筹划这个计策，我应当把他杀掉！"李纲说："齐王年少骄傲逸乐，窦诞并无劝谏，又替他掩饰遮盖，使士民愤恨，今天的失败，是窦诞的罪过。宇

文歆劝谏，齐王不悔改，过不了多久陛下就会听到上奏，这是忠臣，难道可以杀掉吗?”第二天，高祖召李纲入宫，登上御座说:“我有了你，才能够不滥用刑罚。元吉自己不能好好干，不是他们二人所能制止的。”于是，连窦诞一起赦免。

唐高祖派李世民带领军队去征讨刘武周。李世民领兵渡过黄河后驻扎在柏壁，跟刘武周的部将宋金刚对峙，李世民采取坚守城堡的策略。将领们都要求跟宋金刚开战，李世民说:“宋金刚孤军深入，全部精兵猛将都在这里。刘武周占据并州，靠宋金刚作为屏障。宋金刚的军队没有储备粮食，以抢劫来供应军需，只希望速战速决。我方应该养精蓄锐，挫败他的兵锋，分兵作战，袭击他的要害。等他粮食吃完，无利可图，肯定要退走。我们到那时再趁机行事，现在不能出战。”李世民还派部将殷开山、秦叔宝等人袭击宋金刚手下的尉迟敬德、寻相等部队，打了胜仗以后立即又回到柏壁来。最后宋金刚军中粮食吃光，士气低落，不得不北撤。李世民乘势追击，大败敌军，一昼夜行军两百多里，连打几十仗。

到达高壁岭时，刘弘基拉着李世民的马劝说:“大王击败敌人，追到这里，功劳也够大了，再深入不止，会有危险!况且士兵又饥饿又疲劳，应该停在这里，等军粮送来，再前进也不迟。”李世民说:“宋金刚退兵，人心离散，士气低落，机会难得，必须乘胜追击，如果行动迟缓，让他做好准备，就无法再攻打了。我尽忠为国，难道只顾自身安危吗?”他坚持继续追击，将士们也不敢有什么异议。他们在雀鼠谷追上宋金刚军，一天连打了八个胜仗，俘虏和杀死几万人。夜里住宿在雀鼠谷西原，这时李世民已有两天没有吃饭，三天没有解甲休息了。追到介休县，宋金刚还有两万人，出城布阵迎战，李世民派李世勣正面交锋，自己带骑兵冲击敌军阵后，大败宋金刚。宋金刚带少数骑兵逃走，李世民又追赶了几十里。刘武周听说宋金刚战败，非常害怕，遂放弃并州逃奔突厥。宋金刚集合剩余人马，还想再打，但大家都不肯跟从，最后只好带领一百多名骑兵投奔了突厥。

在隋末群雄竞起的纷乱形势中，刘武周率先起兵，依附突厥，图谋帝业，进而“率军南向以争天下”，占据了有充足粮食和库绢的晋阳，攻陷河东大部地区，威逼关中。但是，在当时人心厌乱思定，天下统一已成为历史发展必然趋势的情况下，刘武周“军无蓄积，以掳掠为资”，在并、汾一带没有取得支持，建立起巩固的统治基础；加之他的对手又是杰出的政治家和军事家李世民，这就决定了他必然败亡的定局。李世民后发制人，伺机破敌，穷追猛打，连续作战，终获全胜。唐军夺回河东，对巩固关中，进而争夺中原具有重要意义。

辨才选贤之径

古人感叹“千里马常有，而伯乐不常有”，说的就是识才的重要性。发现和辨别人才是一个“剖石为玉，淘沙见金”的复杂过程。识人难，难就难在许多人才往往瑕瑜互见。因此，要选到千里良马，非常之人，就需要选人者有非同寻常的智慧和眼光，即辨识人才之智。否则，虽有心求良马，却可能使驽马入选，误庸为贤。

赵高指鹿为马弑二世

赵高、李斯合谋矫诏，逼死长子扶苏，立胡亥为帝。赵高倚仗二世对他的宠信，肆无忌惮，任意妄为。为了显示他的权威，他在群臣与秦二世面前“指鹿为马”，居然没有人敢反驳他。当刘邦的军队攻破了武关，直逼咸阳时，秦二世一再责问赵高。赵高十分恐惧，便与女婿阎乐、弟弟赵成商议，将秦二世胡亥逼死于秦宫之中。之后又推公子子婴为王，但反被子婴杀死。

中丞相赵高想独揽秦朝大权，但又担心群臣不服，于是便先进行试验。他牵来一只鹿献给二世说："这是马。"二世笑道："你错了吧？怎么把鹿叫作马？"随即询问侍立左右的大臣们，群臣有的沉默不语，有的说是马以迎合赵高，有的则说是鹿。于是，赵高暗中借秦法陷害了那些说是鹿的人。此后，群臣都畏惧赵高，没有人敢谈他的过错。赵高以前曾多次说"关东的盗贼成不了大事"，待到项羽俘获王离等人，而章邯等人的军队也多次被打败，赵高才上书请求增兵援助。这时自函谷关以东，大体上全都背叛秦朝，响应诸侯，诸侯也都各自统率部众向西进攻。当刘邦率几万人攻下武关后，赵高担心二世为此发怒，招致杀身之祸，就托病不出，不再朝见二世。

二世梦见一只白虎咬他的左骖马，并把马咬死了，因此心中闷闷不乐，颇觉奇怪，便询问占梦的人。占梦人卜测说："是泾水神在作祟。"二世于是在望夷宫实行斋戒，想祭祀泾水神。他将四匹白马沉入河中，并为盗贼的事派人去责问赵高。赵高愈加害怕，即暗中与他的女婿咸阳县令阎乐、他的弟弟赵成商议说："皇上不听规劝，而今情势紧急，便想嫁祸于我。我打算更换天子，改立二世哥哥的儿子子婴为皇

帝。子婴为人仁爱俭朴，百姓们都听从他。”随即命郎中令作为内应，诈称有大盗，令阎乐调兵遣将去追捕，同时劫持阎乐的母亲安置到赵高府中。又派阎乐率领官兵一千多人来到望夷宫殿门前，将卫令仆射捆绑起来，说：“大盗进里面去了，为什么不进行阻拦？”卫令道：“宫墙周围设置卫士后，防守非常严密，怎么会有盗贼敢溜入宫中啊！”阎乐就斩杀了卫令，带兵径直闯进宫去，边走边射杀郎官和宦官。郎官、宦官惊恐万状，有的逃跑，有的抵抗，而反抗者即被杀死，这样死了几十人。郎中令和阎乐径直入内，箭射二世的篷帐、帷帐。二世怒不可遏，召唤侍候左右的卫士，但近侍卫士都慌乱不堪，不敢上前阻击。二世身旁只有一名宦官服侍着，不敢离去。二世入内对这个宦官说：“你为什么不早告诉我呀，竟到了这个地步！”宦官道：“我不敢说，所以才能保全性命；倘若我早说了，已经被杀掉了，哪里还能活到今日！”阎乐这时走到二世面前，数落他说：“您骄横放纵，滥杀无辜，天下人都背叛了您，您还是自己打算一下吧！”二世说：“我可以见到丞相吗？”阎乐道：“不行！”二世说：“我希望得到一个郡来称王。”阎乐不准许。二世又道：“我愿意做万户侯。”阎乐仍不答应。二世最后说：“那么我甘愿与妻子儿女去做平民百姓，像各位公子的结局那样。”阎乐道：“我奉丞相的命令，为天下百姓诛杀您，您再多说，我也不敢禀告！”随即让士兵上前，二世就自杀了。阎乐回报赵高，赵高便召集诸大臣、公子，告诉他们诛杀二世的经过，并说道：“秦从前本是个王国，始皇帝统治了天下，因此称帝。现在六国又各自独立，秦朝的地盘越来越小，仍然以一个空名称帝，不可如此，应还像过去那样称王才合适。”便立子婴为秦王，并用平民百姓的礼仪把二世葬在了杜县南面的宜春苑中。

暴虐的统治是秦朝灭亡的直接原因，源自始皇，胡亥不过是延续而已，他的最大弱点还是昏庸。秦始皇非常精明，而且也很勤政，他每天批阅的竹简达几十公斤，所以能稳固统治。而胡亥太糊涂了，一个小人赵高，胡亥要杀他是很容易的事，不会比子婴困难，胡亥却对他信任有加，最后终为赵高所杀。赵高是个得志便猖狂的小人，只知害人弄权，不知治理国家，面对各地的农民起义更是束手无策，最终也逃脱不了灭亡的命运，

贯高为主申冤

贯高是赵王父亲张耳的门客，后来成为赵王的相国。因为高祖侮辱赵王，贯高便图谋刺杀高祖，后来事情败露，无论面对何种酷刑也坚持维护赵王清白。高祖为他的忠义所动，欲对他加以重用，但他却因谋害皇帝，羞愧难当而自尽。

公元前198年，高祖返回长安，途经赵国。赵王张敖对

高祖行作为女婿的礼节，十分谦卑，高祖却叉开两腿坐着，态度轻慢地责骂张敖。赵国相国贯高、赵午等人都怒火中烧，说道："我们的大王，真是个懦弱的王啊！"随即劝赵王说："天下豪强并起，贤能的人先称王。现在您侍奉皇帝非常恭谨，而皇帝却如此无礼，请让我们替您把他杀了！"张敖说道："你们怎么说这种大错特错的话呀！先父亡国后，依赖皇帝才得以复国，德泽能流传给子孙，一丝一毫都是皇帝的力量啊！望你们不要再这么说了。"贯高、赵午等人都相互说道："这就是我们的过错了。我们的大王是忠厚的长者，不会背弃恩德。况且我们的原则是不受人侮辱，而今皇帝侮辱了我王，所以想要杀掉他，又何必连累我王呢！事情成功，则功归我王，事情失败，则我们独自承担罪责。"公元前199年冬季，高祖在东垣攻打韩信的残余部队，经过柏人县。赵国国相贯高等人躲在厕所的夹墙内想行刺高祖。高祖感觉心神不安，问这个县叫什么名字，回答说是"柏人"，高祖说："所谓柏人，就是受迫于人啊！"于是就离开了。

同年，赵国相国贯高的阴谋被他的仇家探知，仇家遂向高祖告密。高祖下令逮捕赵王及各谋反者。赵王属下赵午等十几人都争相表示要自杀，只有贯高怒骂道："谁让你们这样做的？如今赵王确实没有参与谋反，而被一并逮捕。你们都死了，谁来申明赵王不曾谋反的真相？"于是，贯高被关进胶封的木栏囚车，与赵王一起押往长安。贯高对审讯官员说："是我们自己干的，赵王的确不知道。"狱吏动刑，拷打鞭笞几千下，又用刀刺，直至体无完肤，贯高始终不说别的话。吕后几次说："赵王张敖娶了公主，不会有此事。"高祖怒气冲冲地斥骂她："要是张敖夺了天下，难道还缺少你的女儿不成？"

廷尉把审讯情况和贯高的话报告高祖，高祖感慨地说："这真是个壮士，谁平时和他要好，用私情去探听一下。"中大夫泄公说："我和他同邑，平常很了解他，他在赵国原本就是个以义自立、不受侵辱、信守诺言的人。"高祖便派泄公持节去贯高的竹床前探问。泄公慰问他的伤情，见他仍像平日一样欢洽，便套问："赵王张敖真的有谋反计划吗？"贯高回答说："以人之常情，难道不各爱自己的父母、妻子、儿女吗？现在我的三族都被定成死罪，难道我爱赵王胜过我的亲人吗？因为实在是赵王不曾谋反，只是我们自己这样做的。"接着，他又详细述说谋反的原因及赵王不曾知道的情况。于是，泄公入朝一一报告了高祖。春季，高祖下令赦免赵王张敖，废黜为宣平侯，另任代王刘如意为赵王。

高祖称许贯高的为人，又派泄公去告诉他："张敖已经放出去了。"同时赦免贯高。贯高高兴地问："我的大王真的放出去了？"泄公说："是的。"又告诉他："皇上看重你，所以赦免了你。"贯高却说："我之所以不死，被打得遍体

鳞伤，就是为了表明赵王张敖没有谋反。现在赵王已经出去，我的责任也尽到了，可以死而无憾。况且，我作为臣子有谋害皇帝的罪名，又有什么脸面再去侍奉皇上呢！即使皇上不杀我，我就不感到惭愧吗！”于是贯高便自杀了。

贯高带头谋反作乱，是个弑君的贼子。但同时，贯高又是一个壮士、义士、智士、勇士。主辱臣死，他刺杀刘邦是为了替自己的主子出一口气，此谓忠；安排妙计，设计准确，此谓智；受刑而不改口，坚决不攀附权贵，此谓义；最关键是明知道后面这些磨难而选择活下来承受这一切，此谓勇。

刘备三顾茅庐

琅琊阳都人诸葛亮寄居在襄阳隆中，经常把自己比作管仲和乐毅，但当时人们并不承认，只有颍川人徐庶与司徒崔烈之子崔州平认为的确如此。刘备屯住新野时，礼贤下士，寻求良辅。在司马徽和徐庶的荐举下，刘备到襄阳隆中，拜访诸葛亮。

西汉中山靖王刘胜的后裔、涿郡人刘备，幼年丧父，家境贫寒，和母亲一起靠贩卖草鞋为生。刘备身材高大，双手下垂时可以超过膝盖，耳朵很大，连自己都能看到。他胸怀大志，喜怒不形于色。刘备曾经和公孙瓒一起在卢植门下学习儒家经义，因此就投靠公孙瓒。公孙瓒派他与田楷夺取青州，建立了战功，被任命为平原相。刘备年轻时与河东人关羽、涿郡人张飞交情深厚，于是委任他们两人为别部司马，各自统领部队。他与这两人同床而眠，情同手足，关羽和张飞整天站在刘备身边守卫。他们跟随刘备应付周旋，不畏艰险。

刘备在荆州时，向襄阳人司马徽询访人才。司马徽说：“一般的儒生与修士，怎么能认清时务？能认清时务的，只有俊杰之士。襄阳自然有卧龙与凤雏。”刘备问是谁，司马徽说：“就是诸葛亮与庞统。”颍川人徐庶在新野县见到刘备，刘备十分器重徐庶。徐庶对刘备说：“诸葛亮就是卧龙，将军愿意见他吗？”刘备说：“请你和他一起来。”徐庶说：“这个人只能你去拜见他，不能召唤他来。将军应当屈驾前去拜访他。”

刘备于是前去拜访诸葛亮，一共去了三次，才见到诸葛亮。刘备对诸葛亮说道：“汉朝王室已经败落，奸臣窃权占据朝政大权，我自不量力，打算为天下伸张正义，但智谋短浅，以至于遭受挫折，才落到今天这个田地。但我的雄心壮志仍然没有停止，你认为应当如何去做？”诸葛亮说：“如今，曹操已经拥有百万大军，挟持天子以号令天下诸侯，与此人争锋确实不可。孙权占据江东，已经历三代，地势险要，民心归顺，贤能人才都为他效力，可以与此人联盟，却不能算计他。荆州地区，北方以汉水、沔水做屏障，南方直

通南海，东边连接吴郡、会稽，西边可通达巴郡、蜀郡，正是用武之地，但主人刘表却不能据守，这大概正是上天赐给将军的资本。益州四边地势险峻，当中有沃野千里，是天府之地，而益州牧刘璋昏庸无能。北边还有张鲁相邻，虽然百姓富足，官府财力充足，却不知道珍惜，智士贤才都期盼能有一个圣明的君主。将军既是汉朝王室的后裔，以信义闻名于天下，如果能占有荆州与益州，据守要塞，安抚戎、越等族，与孙权结成联盟，对内修明政治，对外观察时局变化。这样，就能建成霸业，复兴汉朝王室了。”刘备说：“很好!”从此，君臣二人倾尽全力匡复汉室。

“诚能动人，至诚可以胜天。”刘备三顾茅庐请诸葛亮，就是典型一例。诸葛亮被刘备的真诚感动，鞠躬尽瘁，为辅佐刘备成就大业付出了一生的心血。诸葛亮之所以如此，就是刘备真诚所致。

刘备托孤诸葛亮

公元223年，汉主刘备病重，临终前嘱托丞相诸葛亮辅佐太子，让尚书令李严做诸葛亮的副手。刘备对诸葛亮说：“你的才能胜过曹丕十倍，一定能使国家安定，最终完成光复汉室的大业。如果刘禅还值得辅佐，那你就辅佐他；如果他不争气，你就取他的位置而代之吧。”诸葛亮流着泪说：“臣下一定竭尽全力辅佐太子，忠贞不贰地为国效命，至死

不渝！”汉王又下诏给太子：“不要因坏事很小就去做，也不要因为好事很小就不去做！只有贤明和德行，才会使人折服。为父德行浅薄，不值得你们效法。你与丞相共同处理政务，对待他要像父亲一样。”四月，汉王刘备病逝于永安，谥号为昭烈皇帝。丞相诸葛亮护送灵车回到成都，由李严作中都护，留下镇守永安。五月，十七岁的太子刘禅即位，改年号为建兴，封丞相诸葛亮为武乡侯，兼任益州牧。政事无论大小，刘禅都听诸葛亮的意见。

诸葛亮曾经亲自校对公文，主簿杨颙径直入内劝他说：“治理国家是有制度的，上司和下级做的工作不能混淆。请您允许我以治家做比喻：现在有一个人，命奴仆耕田，婢女烧饭，雄鸡报晓，狗咬盗贼，以牛拉车，以马代步，家中事务无一旷废，要求的东西都可得到满足，悠闲自得，高枕无忧，只是吃饭饮酒而已。忽然有一天，他对所有的事情都要亲自去做，不用奴婢、鸡狗、牛马，结果劳累了自己的身体，陷身于琐碎事务之中，弄得疲惫不堪，精神萎靡，却一事无成。难道他的才能不及奴婢和鸡狗吗？不是，而是因为他忘记了作为一家之主的职责。如今您管理全国政务，却亲自校改公文，终日汗流浃背，不是太劳累了吗？”诸葛亮深深表示感谢。

邓芝对诸葛亮说：“如今皇上年幼弱小，刚刚即位，应派重要使臣到吴再次申明和好的愿望。”诸葛亮说：“我对此事已考虑很久了，只是一直没有合适的人选，现在找到了。”邓芝问：“这人是谁?”诸葛亮说：“就是使君你啊!”于是，诸葛亮派邓芝以中郎将的身份去与吴重建友好关系。十月，邓芝到达吴国。当时吴王尚未和魏断绝关系，所以犹豫不决，没有立即接见邓芝。邓芝便自己上表请求接见，上表说：“臣下这次来，也是为吴着想，不仅仅只为蜀的利益。”吴王这才接见了他，说：“孤确实愿意与蜀和好，只是担心蜀国君主幼弱，疆域狭窄，势力不强，给魏以可乘之机，你们无法保全自己。”邓芝对他说：“吴、蜀两国，占有四个州的地域。大王您是当世的英雄，诸葛亮也是一代人杰。蜀国地势险要，防守坚固，吴国有长江等三条大江的阻隔。两国的优势加在一起，再联合起来像唇齿一样相辅相依，进可兼并天下，退可与魏鼎足而立，这是很自然的道理。假如大王归附于魏，魏一定会进一步提出无理要求，上逼您朝拜，下求太子做人质，如果不服从，便以讨伐叛逆为借口，发动进攻，蜀则顺流东下，趁机分取利益，到那时，江南之地可就不再为大王您所有了。”吴王沉默了很久，说：“你说得很对。”于是，吴和魏断绝关系，专与蜀汉修好。

刘备临终时对诸葛亮那番“嗣子不才君可取”的话一直为人们津津乐道。有相当一部分人认为这是刘备临终时的激将法，让他死心塌地辅佐刘禅，不敢造次。毛宗岗也曾评点说：“或问先主令孔明自取之，为真话乎？为假话乎？

曰：以为真则真，以为假则假也。”言下之意他是不信的。明朝的李贽就更直接了，干脆大呼：“玄德真奸雄也!”而陈寿却说这是“君臣之至公，古今之盛轨也”；《资治通鉴》的注者胡三省也认为：“自古托孤之主，无如昭烈（刘备）之明白洞达者。”赵翼亦盛赞刘备托孤之语云：“千载之下，犹见其肝膈本怀，岂非真性情之流露。”

信谗言刘聪杀忠良

谗言是指诽谤或挑拨离间的话。由于他人在各方面的能力远胜于自己，一时又无法打败对手，于是产生了妒忌心理，进而便制造谗言。刘聪时的宦官王沈就是一个进献谗言的小人，而刘聪就是一个不分青红皂白的昏君。

公元316年，汉宫宦官中常侍王沈、宣怀，中宫仆射郭猗等人，都受到恩宠信任而掌权。汉主刘聪到后宫游玩宴乐，有时三天不醒，有时一百天都不出后宫，政事全部委交给相国刘粲，只有需判定大臣的功过或升贬时才让王沈等人进宫报告。而王沈等人多数情况都不报告，而是以自己的想法去决断，所以使得有些建立过功勋的旧臣不被任用，而有些奸诈、谄媚的小人却在几天之内就被提到二千石俸禄的高位。连年兴兵征战，武将兵士没有一点钱、帛之类的奖赏，而后宫，给仆人侍僮的赏赐，一赏便是千万。王沈等人的车乘服饰、府第规格都超过了亲王们，王沈等人的子弟以及表

亲担任郡守县令的有三十多人，而且都贪婪残忍，成为当地百姓的祸害，靳准则以全宗族来阿谀奉承地对待王沈等人。

少府陈休、左卫将军卜崇为人清高正直，平素就憎恶王沈等人，即使在公共场合也毫无忌惮，王沈等人怀恨在心。侍中对陈休、卜崇说："王沈等人的势力完全可以翻天覆地，你们自己料想一下，谁有东汉窦武那样与皇帝的亲近关系，谁有东汉陈蕃那样的贤能？"陈休、卜崇说："我们已年过五十，职位地位已经很高了，只缺一死罢了！为忠义而死，死得其所。怎么能俯首低眉为阉宦做事呢？走吧，卜公，不要再说了！"

二月，汉主刘聪从后宫来到上秋阁，命令拘捕陈休、卜崇和特进綦毋达、太中大夫公师、尚书王琰、田歆、大司农朱诞，要处死他们，这些人都是宦官所忌恨的。侍中哭着劝谏刘聪说："陛下正恭敬地寻求贤能之士，却要在一个早晨杀戮七个卿大夫，他们都是国家的忠良，杀了岂不是很可惜吗？即使陈休等人有罪，陛下不把他们押送到有关部门，让他们的罪状暴露清楚，天下怎么会知道呢？诏令还在我这里，没敢宣布让大家知道，希望陛下能够仔细想一想。"说完磕头磕得流了血。王沈呵斥侍中说："侍中想抗拒诏令吗？"刘聪将侍中贬为庶人，拂袖而去。

太宰河间王刘易、大将军渤海王刘敷、御史大夫陈元达、金紫光禄大夫西河人王延等人都到皇宫上奏表劝谏说：

"王沈等人假传圣旨，欺天瞒日，在宫内谄媚陛下，在宫外讨好相国，威势之盛、权力之大可以与君主相比。他们还培养了很多奸佞党羽，危害遍及海内。他们知道陈休等人是忠臣，始终不渝地为国家尽心尽力，因此害怕陈休等忠臣们揭露他们的奸恶罪行，所以才巧妙地对陈休等进行诬蔑陷害。而陛下不仅没有察觉，还仓促地对忠臣处以极刑，全国上下都为之悲痛心惊。现在残留的晋朝还没有被消灭，巴、蜀也不来朝见，石勒图谋占据赵、魏地区，曹嶷想在齐地称王，陛下的心腹四肢，哪一处没有危险呢？却还宠信王沈等人再来增添麻烦，诛杀神巫巫咸、杀戮神医扁鹊，我们担心这样会病入膏肓，成为不治之症，以后即使想抢救，也来不及了。请求免除王沈等人的官职，交付有关部门治罪。"刘聪把这份奏表给王沈等人看，并笑道："这群小子被陈元达带着，也都成了痴呆的人了。"王沈等人磕头哭着说："我们都是小人，承蒙陛下错爱提拔，能够为陛下扫洒闺阁，而王公、朝臣嫉恨我们如同仇敌，又对陛下深感遗憾。愿陛下把我们放到鼎沸的油锅中，那么朝廷自然平和静穆了。"刘聪说："这样的狂言乱语是很平常的，你们哪里值得痛恨呢？"刘聪向相国刘粲问王沈等人怎么样，刘粲称赞王沈等人忠心清廉。刘聪听后很高兴，把王沈等人封为列侯。

谗言不可轻视！

石勒养虎为患

石勒的侄子石虎从小凶恶残暴，长大以后，擅长骑射，勇猛无人能比。石勒任命他为征虏将军，每次屠城，很少有留下活口的。但是他带兵严厉而不烦琐，没有人敢违反。派他去打仗征讨，所向披靡，所以石勒非常宠爱信任他。

公元330年，赵王石勒的大臣请求石勒即皇帝位，石勒于是号称大赵天王，行使皇帝的职权。立世子石弘为太子。这时石虎已经是中山公，听说后非常生气，私下对儿子齐王石邃说："等到主上驾崩以后，我绝不再让他留有后人。"

石弘喜好写文章，为人友善，尤其礼敬儒雅之士。石勒对大臣徐光说："石弘和悦安闲，全然不像将军世家的儿子。"徐光说："汉高祖靠马上的功绩夺取天下，汉文帝凭仗沉静无为巩固天下，圣人的后代，必定有使凶暴之徒化为善，因而可以废除刑戮的人，这是上天的规律。"石勒听后十分高兴。徐光趁势劝说他："皇太子仁孝温恭，而中山公却雄暴多诈，陛下一旦辞世，我怕国家就不是太子所能据有的了。应该逐渐削弱中山公的权势，让太子早些参与国政。"石勒心中同意，但未能照办。

公元333年夏，石勒卧病在床。石虎到皇宫中侍卫，假称接到诏令，群臣、亲戚都不得入内。所以石勒病情的好坏，宫外没有人知道。石虎又假传诏令召秦王石弘、彭城王石堪回到襄国。石勒病情略微好转，见到石弘，吃惊地说："我让你在藩镇守备，正是为了预防今天。你回来是有人召你，还是自作主张回来的？如果有人召你回来，那人应当斩首！"石虎害怕，说："秦王因为思念您，暂时回来而已，我现在就让他回去。"但仍然留住他而不放回。

七月，石勒病重，留下遗命说："石弘兄弟，你们应当相互爱护。晋朝的司马家，就是你们的前车之鉴。中山王石虎应当好好效仿周公、霍光，不要落为后世口实。"石勒去世后，石虎劫持太子石弘，让他来到殿前。随后搜捕右光禄大夫程遐、中书令徐光，交付廷尉治罪。又征召石邃，让他带兵入宫宿卫，文武官员纷纷逃散。石弘非常害怕，说自己软弱没出息，要把皇位让给石虎。石虎说："君主去世，太子即位，这是正常的礼仪。"石弘流着泪坚持让位，石虎生气地说："如果你不能承担重任，天下自有人来讨伐你，哪里有事先就说自己不行的？"石弘只好即位，大赦天下，任命石虎为丞相、魏王、大单于，加赐九锡，把魏郡等十三郡划作石虎封国，让他总管朝廷的一切事务。

次年十月，石弘亲自携带印玺来到魏王宫殿，请求将皇位禅让给石虎。这时尚书上奏说："请魏王依照唐尧、虞舜禅让的旧例行事。"石虎说："石弘愚昧昏庸，服丧期间不合礼仪，就应当将他废黜，说什么禅让？"十一月，石虎派郭殷进宫，将石弘废黜为海阳王。石弘步履平稳地走近车

子，神色和平常一样，对群臣说："我庸碌愚昧不能够继承帝王大统，还有什么可说的。"群臣都流下眼泪，宫里人恸哭不已。群臣到魏王宫殿劝石虎即位，石虎说："皇帝是品德高尚的人才能拥有的称号，我不敢承受，暂时可以称作居摄赵天王。"便把石弘和太后程氏、秦王石宏、南阳王石恢幽禁在崇训宫，过了不久，又将他们全部杀害。

萧宝寅称帝事败

萧宝寅是齐明帝萧鸾的第六子，齐东昏侯萧宝卷的同母弟弟。萧衍（后来的梁武帝）攻克建康后不久，他逃奔到北魏被北魏收容。萧宝寅一直不忘复兴齐国。公元 527 年，他乘机控制长安并派人杀死了他认为是朝廷派来监视他的关右大使郦道元及其家人后，自称齐帝，大赦天下，改年号为隆绪。都督长史毛遐奉命讨伐他，萧宝寅战败，投靠了万俟丑奴。

北魏齐王萧宝寅连年出征，将士疲惫不堪。公元 527 年，秦地的贼寇攻击萧宝寅，萧宝寅在温州大败，获死罪，孝明帝元诩下诏赦免，罢之为平民。后雍州刺史杨椿有病请求辞官，朝廷又任萧宝寅为征西将军、雍州刺史、开府仪同三司、西讨大都督，统领雍、泾等四州诸军事，潼关以西地区都听他的指挥调度。

萧宝寅在扬州战败的时候，有人劝他回洛阳认罪，也有人说：“不如留在关中立功赎罪。”行台都令史冯景说：“带领军队不返回，罪过就更大了。”萧宝寅没有听从，自认为出征多年，花费的钱物无法计算，一旦失败，内心不安，北魏朝廷也会对他起疑。后来，萧宝寅想要谋反的迹象已经显露，于是有人上奏请求任中尉郦道元为关右大使。萧宝寅得知后，认为郦道元是来取代自己的，非常害怕，长安的子弟又劝他起兵造反。郦道元抵达阴盘峰，萧宝寅派他的将领郭子恒去杀了他，收殓了尸体安葬，上奏说是为盗贼所杀，又上表为自己辩解，说杨椿父子诬陷自己。

萧宝寅的行台郎中苏湛卧病在家，萧宝寅命苏湛的姨表弟、开府属姜俭游说苏湛，说：“元略受萧衍的旨令，想要除掉我。郦道元到来，情况无法预测，我不能坐以待毙，必须为自己打算，不再做魏朝的臣子了。生死荣辱，都与您在一起。”苏湛听了，放声大哭，对姜俭说：“替我告诉萧宝寅，他原本穷途末路投奔别人，依靠朝廷赐给他官爵，才拥有现在的荣华富贵。现在正赶上国家多有变故，他不能竭忠报德，反而想乘人之危，相信路上的传言，想用羸弱的败兵把守关口，觊觎皇位。现在国家的气数虽然衰败，但天命还没有改变。何况大王的恩义没有恩泽百姓，所以只能看到他的失败，不能看见他的成功。我不能为了他，而使一家百口灭门。”萧宝寅又派姜俭对苏湛说：“我为了活命，不得不这样做，之所以不先告诉你，是担心你破坏我的计划。”苏

湛说："凡是图谋大事，应当得到天下的奇才，与他们谋事，现在只与长安的赌徒谋划，哪有成功的道理？我担心荆棘会生满斋阁，请您赐我这把老骨头回乡，也许病死在家里，能够到九泉之下去见先人。"萧宝寅一向器重苏湛，知道他不能为自己所用，就答应了他。

公元527年，萧宝寅自称齐帝，改年号为隆绪，大赦天下，设置百官。都督长史毛遐与毛鸿宾一起率领氐羌部落，在马祗栅起兵，抵抗萧宝寅。萧宝寅派大将军卢祖迁攻击，被毛遐杀了。萧宝寅当时正在南郊祭天，即位的仪式还没结束，听说卢祖迁失败，脸色都变了，来不及整理队伍，就狼狈地回去了。次年正月，萧宝寅派大将侯终德进攻毛遐。正逢郭子恒等人屡次被北魏打败，侯终德趁萧宝寅力量受挫的机会，回头袭击萧宝寅。萧宝寅带着妻子南阳公主和小儿子，率领部下一百多骑兵，从后门逃出，投奔万俟丑奴。万俟丑奴任命萧宝寅为太傅。

侯景之乱

侯景原是东魏丞相高欢手下的一员大将，高欢让他带兵十万，镇守黄河以南。高欢临死的时候，怕侯景靠不住，派人把侯景召回洛阳。侯景听到高欢死了，就不接受东魏的命令，带着人马投降了西魏。西魏丞相宇文泰也不信任侯景，一面接受侯景的献地，一面召侯景到长安去，准备解除他的兵权。侯景不肯上宇文泰的当，又转向南梁投降。公元548年，侯景勾结京城守将萧正德，举兵谋反。次年，侯景立梁太子萧纲为傀儡皇帝。公元552年，梁元帝萧绎派大将王僧辩、陈霸先攻下建康，侯景兵败被杀。

公元548年，东魏大将军多次派人向梁武帝萧衍送上国书，要求与梁朝讲和通好。萧衍让朝廷大臣讨论，大臣们多数认为和平对国家和百姓是好事。萧衍也厌倦了战争，就派使者去东魏吊唁高欢。侯景从东魏归降梁朝后，率领军队讨伐东魏，都遭到失败。现在看到萧衍要与东魏重归于好，非常不安。于是，侯景假造了一封来自东魏都城邺城的书信，信中写道要用贞阳侯萧渊明交换侯景。梁武帝打算答应这一要求，给邺城回信说："贞阳侯早上到，侯景晚上就会被押送回去。"侯景对左右的人说："我就知道这个老家伙是个薄情寡义之人!"王伟对侯景劝说道："现在，我们等着听候梁国安排是死，图谋大业也不过一死，希望大王您考虑清楚！"于是，侯景才开始准备反叛。被东魏打得走投无路的侯景，对付腐败的南梁，倒还很有力量。他的人马很快就打到长江北岸。梁武帝派他的侄儿萧正德在长江南岸布防抵抗。侯景派人诱骗萧正德说，只要他肯做内应，在推翻梁武帝之后，就拥戴他做皇帝。萧正德权迷心窍，秘密派了几十艘大船，帮助侯景的叛军渡过长江，还亲自带领叛军渡过秦淮河。侯景顺利地进入建康，把梁武帝居住的内城——台城

包围了起来。

侯景用尽办法攻台城，台城里的军民坚决抵抗。叛军放火烧城，城里的军民用水浇灭。叛军用木驴（一种攻城用具）掩护攻城，城上的人丢大石块，把叛军逼回去。侯景又改制了一种尖颈的木驴，石头无法将它砸破，台城守将羊侃让人制作了一种像雉尾形状的火炬，点上火一起投向木驴，很快木驴就全部被烧掉了。侯景又制造了一种攀登城墙的高楼战车，高十多丈，想用它居高临下向城里射箭。羊侃说："战车很高，地上的壕沟土很虚，战车一来一定会倒下，我们可以埋伏起来观察它。"等到战车一动，果然倒下了。叛军又在城东城西堆起两座土山，想从土山上攻进城去，城里的人也筑土山对付。这样，双方相持了一百三十多天。台城刚被围的时候，城里有男男女女十几万人，披盔带甲的将士有二万多人。被围困的时间一长，大多数人身体浮肿，气喘吁吁，十个人中有八九个死亡，登上城墙的不满四千人，而且都瘦弱不堪。城里的道路上到处横躺着尸体，无法掩埋，腐尸流出的汁液积满了沟渠。在这样的关键时刻，大家都将希望寄托在外面的援军身上，谁知各地来救援的诸侯王带了二三十万人马，在建康周围按兵不动。大家都推三阻四，说要等别的救兵来。临时被推为大都督的柳仲礼，躲在自己家里，每天喝酒作乐。

终于，台城军民再也无法坚守城池了。叛军攻进了台

城。梁武帝也成了侯景的俘虏。侯景自封为大都督，掌握了朝廷大权。他先杀了一心想做皇帝的萧正德，又把梁武帝软禁起来，梁武帝要什么没什么，最后活活饿死在台城里。梁武帝死后，侯景又先后立了两个梁朝皇帝当傀儡。公元551年，侯景自立为皇帝。称帝后，侯景到处屠杀掠夺，给百姓带来深重的灾难，百姓对侯景切齿痛恨。第二年，梁朝大将陈霸先、王僧辩率领大军从江陵出发，进攻建康。侯景的叛军立刻土崩瓦解。最后，侯景只带了几十个心腹乘了一只小船狼狈逃走，半路上被他的部下刺杀了。南梁王朝经过这场大乱，内部四分五裂。公元557年，陈霸先在建康建立了陈朝，这就是陈武帝。

侯景之乱给南梁造成了很大的破坏。围台城时，侯景军吃尽了石头仓、常平仓的储粮，就掠人粮食，一斗米贵到七八万钱，台城中粮食也被吃光，军士煮弩、煮鼠、捕雀而食，殿堂上的鸽子也被吃尽，然后用马肉杂以人肉为食，疾疫而死者大半。许多建筑物都被破坏，东宫台殿所藏图书数百橱，全被烧掉。王僧辩攻克台城时，兵士也大肆抢掠，百姓号叫之声不绝于耳。多行不义必自毙，玩火自焚的侯景，其灭亡也是必然的。

刘仁轨信用降将

唐朝将领刘仁轨自幼好学，博涉文史，贞观中任新安

令、给事中，公元659年为青州刺史。唐攻百济（今朝鲜半岛西南部）时，因督海运遇风覆船被免职。公元661年，百济起兵，围攻屯其府城的唐将刘仁愿部。刘仁轨复任检校带方州刺史，率军赴救，解其围。随后又与刘仁愿部在熊津之东，击败百济军，百济王等遁去，余众降唐。刘仁轨遂任带方州刺史，驻百济。

公元663年，孙仁师领兵在白江打败了百济残余及倭国兵，攻下周留城。高宗又令其带兵渡海援助刘仁愿、刘仁轨攻城。当初，刘仁愿、刘仁轨攻克真岘城以后，唐高宗命令孙仁师领兵渡海援助他们。百济王扶余年从南边招来倭国人以抗拒唐兵。孙仁师与刘仁愿、刘仁轨联合，声势大振。部下诸将因加林城是水陆交通要冲，想先进攻它。刘仁轨说："加林城险要坚固，急攻会伤亡士卒，进攻又攻不下，将旷日持久。周留城是敌人的巢穴，群凶聚集之地，除恶务必扫除根本，应该先进攻它，如果攻下周留城，其他各城就会不攻自破。"于是，孙仁师、刘仁愿与新罗王金法敏率领陆军前进，刘仁轨与别将杜爽、扶余隆率领水军和粮船从熊津入白江，和陆军会合，一起向周留城推进。唐兵和倭国兵遭遇于白江口，刘仁轨等率部四次战斗，都接连取得胜利。百济王扶余年脱身逃往高丽，王子扶余忠胜、扶余忠志等率领部下投降，百济全部平定，只有任存城没被攻下。

百济西部人黑齿常之，身高七尺多，勇猛且有谋略，在

百济任达率兼郡将，相当于唐朝刺史的职位。唐将苏定方攻克百济，黑齿常之率领部下随百济人投降唐朝。苏定方囚禁百济王及太子，纵兵劫掠，成年人多被杀死。黑齿常之害怕，与手下十多人逃归本部，收集被打散的士兵，退守任存山，结起栅栏以加强防守，一月之间归附的有三万多人。苏定方派兵进攻，黑齿常之进行抵抗，唐兵失利。黑齿常之又接连攻取二百多座城池，苏定方无法攻克这些城池，只好撤回。黑齿常之与别部将沙吒相如各据守险要以响应福信，百济失败后，他们率部众投降刘仁轨。刘仁轨派黑齿常之、沙吒相如率领他们的部众去攻取任存城，还提供给他们粮食和武器。孙仁师说："这两人人面兽心，怎么可以相信?"刘仁轨说："我看这俩人都忠勇而有谋略，注重信义，只是前次投奔错了人，现在正是他们感激立功的时候，不必怀疑。"于是，发给他们粮食和武器，分兵跟随他们，攻下了任存城。

唐高宗诏令刘仁轨率领部队驻守百济，召孙仁师、刘仁愿回朝。百济经受战火后，家家凋敝残败，遍地是僵硬的尸骸。刘仁轨开始下令掩埋尸骸，修录户口，治理村落，设置官长，开通道路，修建桥梁，修补堤堰，修复坡塘，劝课耕种，赈济贫困的人，赡养孤儿老人，建立大唐社稷，颁布历法和庙讳。百济民众十分高兴，境内百姓都安心从事个人生产。刘仁轨接着做好屯田工作，储备粮食，训练士卒，计划

进攻高丽。刘仁愿回到京师，高宗问他："你在海东，前后所奏告的事情都很合宜，而且又有文理。你原本是武人，怎么能写得这么好？"刘仁愿说："这些全是刘仁轨所作，臣是做不来的。"高宗大悦，加封刘仁轨六级官阶，正式委任他为带方州刺史，为刘仁轨在长安建修宅第，厚赐刘仁轨的妻子儿女，并命使者带着玺书慰劳勉励他。

安禄山拥兵自重起叛乱

安禄山年幼时父亲早亡，一直随母亲住在突厥族里。后来其母嫁给安延偃，安禄山也就冒姓安氏，名叫禄山。他骁勇善战，手段狡诈，善于谄媚逢迎，骗得唐玄宗、杨贵妃等人的宠信和支持，被任命为平卢节度使、范阳节度使、河北采访使和河东节度使，掌握了今河北、辽宁西部、山西一带的军事、民政及财政大权，后来以清君侧为由发动叛乱。

安禄山本是营州地方的混血胡人，其父死后，母亲带着他嫁给了突厥人安延偃。时值突厥部落衰败溃散，安禄山就与堂兄弟安思顺逃到幽州，冒姓安氏，名叫禄山。还有一个混血胡人名叫史窣干，与安禄山原是街坊邻居，长大后，成为朋友，都做了互市牙郎，以勇猛闻名。幽州节度使张守珪以安禄山为捉生将，每次带领几名骑兵出去，都能擒获几十名契丹人回来。又加上安禄山狡猾，善于揣摩人的心意，所以深受张守珪的喜爱，让他做了自己的养子。史窣干曾为张守珪立下大功，张守珪上奏任命他为果毅，后来升为将军。史窣干入朝奏事，玄宗与他说话，很喜欢他，就赐其名为“思明”。

安禄山为人乖巧，善于讨人欢喜，很快也担任了平卢兵马使。玄宗身边的人到了平卢，安禄山就用丰厚的财物贿赂他们，他们回去后尽说好话，因此玄宗更加认为安禄山是个贤能之人。公元 742 年，朝廷把平卢分出来，另外设立军镇，任命安禄山为节度使。次年正月，安禄山入朝，玄宗对他十分宠幸，允许他随时入朝。过了一年，又让他兼任范阳节度使，后来还让他兼任御史大夫。玄宗曾经让安禄山进见太子，安禄山不行拜礼。左右的人催他跪拜，安禄山站着说：“我是胡人，不懂得朝廷的礼仪，不知道太子是什么官？”玄宗说：“太子是将来的皇上，朕去世以后，代替朕做你的君主。”安禄山说：“我愚蠢浅薄，只知道有陛下一人，不知道还有太子。”然后跪拜。玄宗听了他的话，更加喜欢他。安禄山请求做杨贵妃的干儿子。玄宗与贵妃一起坐着，安禄山却先跪拜贵妃。玄宗问他原因，安禄山回答说：“我们胡人先母而后父。”玄宗十分高兴。

公元 752 年，玄宗下令在长安为安禄山修建宅第，极尽华丽，不惜财力，所用器物极其豪华。安禄山过生日，玄宗和杨贵妃赏赐给他很多衣服、珍宝、器物和丰盛的酒食。过了三天，又召安禄山进宫，杨贵妃用锦绣做成大襁褓，裹住

安禄山，让宫女用花轿抬着。唐玄宗听见后宫的欢笑声，问其原因，左右侍从说贵妃为儿子洗身。玄宗亲自前往观看，很高兴，赏赐给杨贵妃洗儿金银钱财，又重赏了安禄山，尽情欢乐，然后才罢休。安禄山请求兼任河东节度使，玄宗就让原河东节度使担任羽林将军，让安禄山代替他。

安禄山兼任三镇节度使，大权在握，日益骄纵。安禄山因为曾经见了太子不下拜，今见玄宗年事已高，一旦驾崩，将由太子即位，所以心里有些害怕。又见朝廷军备松弛，颇有谋反之心。安禄山虽然早就有叛乱的想法，但因玄宗待他很好，想等到玄宗死后再反叛。这时，李林甫病死，杨贵妃的同族哥哥杨国忠凭着他的外戚地位，接任了宰相。杨国忠素与安禄山不和。杨国忠屡次在唐玄宗面前说安禄山一定会谋反。但是，唐玄宗却不以为然。时间一长，安禄山的谋反迹象渐渐暴露出来了。他向朝廷要求把范阳的三十二名汉将都撤换了，由他自己另外委派。唐玄宗亲手写诏书要安禄山到长安，他也推托有病不去。唐玄宗开始对安禄山怀疑起来。但是无论唐玄宗还是杨国忠，都没有想到该怎样防备安禄山的叛乱。

公元755年，安禄山经过周密准备，决定发动叛乱。这时候，正好有个官员从长安到范阳来。安禄山假造了一份唐玄宗从长安发来的诏书，召集将士说："刚接到皇上密令，要我立即带兵进京讨伐杨国忠。"将士们都觉得很突然，面面相觑，但都不敢对圣旨表示怀疑。第二天一早，安禄山就带领叛军南下。十五万步兵、骑兵在河北平原上进发，沿路的官员逃跑的逃跑，投降的投降。安禄山的叛军一直向南进攻，几乎没有遭到什么抵抗。范阳叛乱的消息传到长安，唐玄宗开始认为是有人造谣，还不相信，到后来警报一个个传来，他也慌了起来，立刻召集大臣商议。满朝官员都没有经历这样的大变乱，个个吓得目瞪口呆，只有杨国忠得意扬扬地说："我早说过安禄山要反，果然被我说中了。不过，陛下尽管放心。他的将士不会跟他一起叛乱。不出十天，一定有人把安禄山的头送来。"唐玄宗听了这番话，才有些安心。但谁知没过多久，叛军长驱直入，渡过黄河，很快便占领了洛阳。

口蜜腹剑：李林甫暗陷忠良

李林甫是唐玄宗时的大奸臣，通过巴结武惠妃和武三思之女起家，官至宰相。他为人阴险，城府极深，心胸狭窄，嫉贤妒能，对人表面友好而暗加陷害，在位十九年，或借刀杀人、落井下石，或利用酷吏制造冤案，大批忠臣良将被构陷迫害，或杀或贬，以致政事败坏，外患丛生，他死后不久就发生了安史之乱。

唐玄宗做了二十多年太平天子，渐渐滋长了骄傲怠惰的情绪。他想，天下太平无事，政事有宰相管，边防有将帅

守，自己不必悉心为国事操心。于是，他就追求起享乐的生活来。吏部侍郎李林甫奸猾狡诈，与宦官以及后宫嫔妃交结，让他们窥伺玄宗的动静，皇上的一举一动他都了如指掌，因此每次上奏，总能符合玄宗的心意，深得玄宗赞赏。当时，武惠妃在后宫中最受宠爱，生了寿王李清，其他的皇子都不能相比，太子也被渐渐疏远。李林甫于是让宦官告诉武惠妃，愿意尽力保护寿王。武惠妃十分感激，暗中帮助他，使他被提升为黄门侍郎，后来又被任命为宰相。李林甫做宰相后，凡是才干声望或功劳业绩超过自己，以及受玄宗宠信、权势地位将要威胁自己的，他一定想方设法地把他们除去，他还尤其忌惮文人学士。有时，他假装对人很好，说些好听的话，暗中却阴谋陷害。所以世人都称他“口有蜜，腹有剑”。

唐玄宗曾经在勤政楼游乐，垂下帘幕观看乐舞。兵部侍郎卢绚以为玄宗已经离开，就提着马鞭拉着辔头，从楼下穿过。卢绚风度清雅，玄宗看着他走远，感叹他含蓄的风度。李林甫知道后，就招来卢绚的儿子，说：“你父亲一向很有名望，现今交州、广州需要人才，皇上想让你父亲去，怎么样？如果害怕远行，就应该贬官，不然，只有以太子宾客或者詹事的身份在东都任职，这也算是优待贤士的职位，怎么样？”卢绚畏惧，于是主动请求担任太子宾客或用事。李林甫担心违背众望，就任命他为华州刺史。卢绚上任不久，又被诬告有病，不处理州事，被贬为詹事、员外同正。有一个官员严挺之，被李林甫排挤在外地当刺史。后来，唐玄宗想起他，对李林甫说："严挺之还在吗？这个人很有才能，还可以用。"李林甫说："陛下既然想念他，我去打听一下。"退了朝，李林甫连忙把严挺之的弟弟找来，说："你哥哥不是很想回京城见皇上吗，我倒有一个办法。"严挺之的弟弟见李林甫这样关心他哥哥，当然很感激，连忙请教该怎么办。李林甫说："只要叫你哥哥上一道奏章，就说他得了病，请求回京城来看病。"严挺之接到他弟弟的信，真的上了一道奏章，请求回京城看病。李林甫就拿着奏章去见唐玄宗，说："真是太可惜了，严挺之现在得了重病，不能干大事了。"唐玄宗惋惜地叹了口气，也就算了。李林甫的儿子李岫任将作监，认为父亲权势过大，十分担心。李岫曾经与李林甫游览后园，看到一个背着重物的下人，李岫指着此人对李林甫说："大人担任宰相很久了，结下的怨仇布满天下，如果有一天灾祸降临，想要像这些民夫一样，恐怕也不能够啊！"李林甫听了很不高兴，说："形势已经这样了，还能怎么办呢？"

唐朝建立以来，驻守边疆的将帅都选用忠厚的名臣，任期不得太久，不得朝臣兼任，不得身兼数职，功名卓著的往往入朝担任宰相。李林甫当宰相，想杜绝边将入朝为相的途径，认为胡人不懂诗书，就上奏说："文臣担任将帅，胆小

不敢打仗，不如用出身贫寒的胡人。胡人勇敢果断，熟习战斗；出身贫寒，则朝中没有朋党。陛下若真能以恩惠笼络，他们一定能够为朝廷效命。”玄宗认为有道理，便开始重用安禄山。从此，各道的节度使都任用胡人，精锐部队都戍守北部边疆，造成内轻外重的形势，最后几乎被安禄山颠覆江山。这都是由李林甫为求取专宠、巩固地位的阴谋所造成的。玄宗晚年自以为天下太平，没有什么可忧心的，于是深居宫中，沉迷于声色娱乐，把政事都委托给李林甫。到公元752年去世，李林甫共做了十九年宰相，造成天下大乱的局势，而玄宗却始终执迷不悟。

勇敢的力量

做任何事情时，无需过分担心，“当你做好了手头的事情后，下一件事就离你不远了。”你要在思想中一直保持一种充满勇气的、勇敢的想法，就能迸发出意想不到的奇迹。

苏秦佩六国相印

苏秦最初游说秦国没有得到重用，便更加发愤学习，读书到欲睡时，就用铁锥刺股。一年后，他终于学有所成，于是周游列国。公元前333年，燕、赵、韩、魏、齐、楚六国合纵抗秦，以苏秦为纵约长，兼任六国的相国。

当初，苏秦本想将兼并天下之术献给秦王，但秦王不用他。于是，苏秦到了燕国，对燕王说：“燕国之所以不受兵祸，是因为赵国在燕国的南边，像屏障一样挡住了各国的进攻。秦国如果要攻打燕国，就要战于千里之外；而赵国要攻打燕国，仅战于百里之外。如果不担忧百里之内的战祸，而担忧千里之外的战祸，那就大错特错了。大王若与赵国联合，燕国就不用担心战祸了。”燕王很赞同他的说法，当下给他车马，让他去说服赵国。苏秦到了赵国，对赵肃侯说：“如今，秦国之所以不敢攻打赵国，是因为怕韩、魏两国从后面袭击它。秦国如果攻打韩、魏两国，由于没有山河阻隔，可以一直攻到都城。韩、魏如果向秦国称臣，赵国就孤立无援了。六国之地五倍于秦国，将士十倍于秦国，如果六国联合起来攻打秦国，秦国必亡无疑。我认为六国应该联合起来，派出将相在洹水之滨订盟。秦国进攻任何一国时，各国一齐出兵，如不遵此盟者，五国共伐之。这样，秦兵必然不敢再出函谷关，为害峤山之东了。”赵肃侯听了极为高兴，厚待苏秦，重赏了他，让他去约请其他诸侯。

苏秦又去游说韩宣惠王道：“韩国方圆九百多里，披甲的士兵有数十万，天下的强弓劲弩利剑都产在韩国。如果大王臣服秦国，秦国必然索取土地。今年给它了，明年还会要。秦国的欲望永无休止，而韩国的土地却有割尽的时候。到那时，无地可割，不割又会受祸。俗话说得好：‘宁为鸡口，勿为牛后。’以大王之贤，韩兵之强，而有‘牛后’之名，我都为大王感到羞耻。”韩王听了，表示愿意参加合纵。苏秦又游说魏王道：“大王之地方圆千里，士兵有武士二十万，苍头二十万，奋击二十万，厮徒十万，战车六百乘，战骑五千匹。如此兵强马壮，却要臣服秦国。因此，赵王派我

前来献计，请大王参加合纵。”魏王同意了。苏秦又游说齐王道：“齐国方圆两千余里，披甲的士兵有数十万，粮如山积。临淄有居民七万户，每户不下三个男子。不用到远县去征兵，仅临淄一地就可征兵二十一万。临淄城内的路上，车轮多得互轧碰撞，人多得肩挨着肩，真是衣襟相连可以组成帷幕，挥下汗水就是一阵急雨。秦国若要攻齐，要千里远征，跋山涉水，还要担心韩、魏两国袭击它的后方。所以，它只能恫吓齐国而已，而齐国却要臣服秦国。齐国这么强大，请大王不要臣服秦国。”齐王同意了。接着，苏秦又到楚国游说楚威王道：“楚国方圆六千多里，披甲的士兵有一百万，战车千辆，战马万匹，国家储粮可用十年。这都是霸业的基础啊。如果楚国参加合纵，我可以让五国诸侯听从大王指挥。合纵则诸侯臣服楚国，连横则楚国臣服秦国。这两条计策截然不同，大王选用哪一个呢？”楚王听了苏秦之言，同意参加合纵。于是，苏秦做了纵约长，担任了六国的相国。当他北上回赵国时，车马仪仗十分豪华，像君王一样。

战国时期诸侯林立，尔虞我诈，一批谋臣策士周旋其间，纵横驰骋，朝秦暮楚，以逞其智，获取功名。苏秦是战国时期纵横家的主要代表，史载其治学刻苦，以锥刺骨夜以继日，最终身佩六国相印，可谓功名显赫。他的“合纵”确实对推迟战乱起到了积极的作用,使秦国自此之后，竟有十五年之久不敢越函谷关“雷池”一步。

脱死难范雎相秦

范雎是战国时魏国人，早年家境贫寒，后出使齐国为魏中大夫须贾所诬，历经磨难后辗转入秦。公元前266年，范雎出任秦相，辅佐秦昭王。他上承孝公、商鞅变法图强之志，下开秦皇、李斯统一帝业之先河，是秦国历史上继往开来的一代名相，也是我国古代在政治、外交等方面极有建树的谋略家。李斯在《谏逐客书》中曾高度评价范雎对秦国的贡献："昭王得范雎，强公室，杜私门，蚕食诸侯，使秦成帝业。"

魏国人范雎随从中大夫须贾出使齐国，齐襄王听说他能言善辩，私下赠给他金子和酒食。须贾以为范雎把国家大事偷偷告诉了齐国，回国后便向魏国宰相魏齐告发。魏齐震怒，下令鞭打范雎，打得他肋骨折断，牙齿脱落。范雎只好装死，被卷进竹席，抛入厕所。范雎被扔进厕所后，趁四下无人，悄悄对看守说："你若有办法让我出去，我必有重谢。"看守于是去请示把席中死人扔掉，魏齐喝醉了酒，说："可以。"范雎于是得以脱身。事后魏齐后悔，又派人去搜寻范雎。魏国人郑安平把范雎藏匿起来，让他改名换姓，称其为张禄。

那时候，正好秦国有个使者到魏国去，范雎偷偷地去见使者。使者便把他带到秦国。范雎到了秦国，给秦昭襄王上了道奏章，秦昭襄王在离宫接见他。到那天，范雎到离宫去，在宫内的半道上，碰见秦昭襄王坐着车子来了。范雎故意装作不知道是秦王，也不躲避。秦王的侍从大声吆喝：“大王来了。”范雎冷淡地说：“什么？秦国还有大王吗？”正在争吵的时候，秦昭襄王到了，只听见范雎还在那儿嘟囔：“只听说秦国有太后、穰侯，哪儿有什么大王？”这句话正说到秦王的心坎上。原来自昭王即位后，以宣太后为中心，形成了穰侯、华阳君、泾阳君和高陵君等宗亲贵室势力，他们独揽大权，其富有程度甚至超过了王室，使昭王如芒刺在背，有苦难言。此次攻打齐国，也并非昭王之意，范雎抓住这个时机，基于对昭王心理的分析判断，向昭王上书，直指宗室专权，紧紧抓住了昭王的心病所在，同时又信誓旦旦地保证自己有治国的良策，这样使秦王不得不召见他。范雎考虑到自己初涉秦廷，羽翼未丰，不敢言内，便先谈外事，借以观察秦王的态度。他说：“夫穰侯越韩、魏而攻齐，非计也。少出师则不足以伤齐，多出师则伤秦。”为了加强说服力，范雎还举出齐缗王远征楚国，导致内部空虚，因而被韩、魏袭击的史实。同时，范雎提出了自己的看法：“王不如远交而近攻，得寸则王之寸也，得尺亦王之尺也。”这就是历史上著名的“远交近攻”的战略思想，为秦逐个吞并六国最后统一中国奠定了基础，对后世影响相当深远，为中国政治、外交思想史增添了重要的一页。

范雎的一系列功绩使他日益得到昭王的宠信，在秦国的政治地位也大大提高。范雎认为，是该向内政沉积已久的弊病开刀的时候了，于是向秦昭王进言说："我听说善于治理国家的君主，就是对内巩固自己的威信，对外重视自己的权力。穰侯派出的使者窃取大王的权威，对各国发号施令，在天下结盟立约，征伐敌国，没有谁不听从。我听说'果实太多会压折枝丫，折断枝丫会伤害树心；属国大了会危害宗主国，尊崇臣子会使君主卑微'。现在我听说秦国太后和穰侯当权，高陵君、华阳君、泾阳君辅佐他们，终究会取缔秦王。我私下替大王害怕，百年之后，统治秦国的就不是大王的子孙了。"昭王听了果然十分恐惧，说："好。"于是废黜了太后，将穰侯、高陵君、华阳君、泾阳君驱逐回他们的领地，任命范雎为国相，封以应城，号为应侯。

魏王受到秦国的威胁，十分惊慌。相国魏齐听说秦国的丞相是魏国人，就打发须贾到秦国去求和。范雎利用此机，要魏王杀了魏齐，才允许魏国割地求和。须贾回国，把这番话告诉魏齐，魏齐只好逃到赵国，藏在平原君赵胜家里。秦王一心想要为应侯范雎报仇，听说魏齐逃到了赵国平原君赵胜家，便巧言诱骗赵胜到秦国，扣留了他，并且派出使臣告诉赵王："如果得不到魏齐的人头，我绝不会让赵胜出关。"魏齐走投无路，去找虞卿，虞卿舍弃了相印，与魏齐一起逃走。到了魏国，他们想借助信陵君魏无忌的力量，逃到楚

国。信陵君感到为难，没有立即与他们会面。魏齐悲愤自杀。赵王于是得到他的人头并把它献给秦王，秦王才下令放回平原君。

纵观范雎，他能够在自己九死一生的危急关头清醒地判断形势，从而逃离魏国，这确实是不容易的。到了秦国之后，他又靠着自己的聪明睿智和伶俐的口才征服了想有一番作为的秦昭王，不仅使秦国从此走上了真正的军事强国之路，而且找到了可以尽情发挥自己卓越才华的政治舞台，使自己名垂青史。

毛遂自荐脱颖而出

毛遂，战国末期大梁人，身为赵公子平原君赵胜的门客，居平原君处三年未得展露才华。公元前 257 年，他自荐出使楚国，促成楚、赵合纵，声威大振，并获得了“三寸之舌，强于百万之师”的美誉。

毛遂在平原君门下已经三年了，一直默默无闻，总得不到施展才华的机会。有一年，秦国大举进攻赵国，秦军将赵国都城邯郸团团围住，情况十分危急，赵王只好派平原君出使楚国，向楚国求救。

平原君到楚国去之前，召集他所有的门客，决定从这千余名门客中挑选出二十名能文善武、足智多谋的人随同前往。他们挑来挑去最终只有十九人合乎条件，还差一人却怎么挑也觉得不满意。这时，只见毛遂主动站了出来说："我愿随平原君前往楚国，哪怕只是凑个数！"平原君一看，是平常不曾注意的毛遂，便不以为意，只是婉转地说："你到我门下已经三年了，却从未听到有人在我面前称赞过你，可见你并无什么过人之处。一个有才能的人在世上，就好像锥子装在口袋里，锥尖子很快就会穿破口袋钻出来，人们很快就能发现他。而你一直未能出头露面显示你的本事，我怎么能够带上没有本事的人同我去楚国行使如此重大的使命呢？"毛遂并不生气，他心平气和地据理力争说："您说的并不全对。我之所以没有像锥子从口袋里钻出锥尖，是因为我从来就没有像锥子一样放进您的口袋里呀。如果您早将我这把锥子放进口袋，我敢说，这不仅是锥尖子钻出口袋的问题，我会连整个锥子像麦穗子一样全部露出来。"平原君觉得毛遂说得很有道理且气度不凡，便答应毛遂作为自己的随从，连夜赶往楚国。

到了楚国，已是早晨。平原君立即拜见楚王，跟他商讨出兵救赵的事情。可是这次商谈很不顺利，从早上一直谈到了中午，还没有一点进展。面对这种情况，随同前往的二十个人中的十九个只知道干着急，在台下直跺脚、摇头、埋怨。唯有毛遂，眼看时间不等人，机会不可错过，只见他一手提剑，大踏步跨到台上，走到楚王面前。面对盛气凌人的楚王，毛遂毫不胆怯。他两眼逼视着楚王，慷慨陈词，申明大义，他从赵楚两国的关系谈到这次救援赵国的意义，对楚王晓之以理，动之以情。他的凛然正气使楚王惊叹佩服，他对两国利害关系的分析深深打动了楚王。通过毛遂的劝说，楚王终于答应出兵援赵，当天下午便与平原君缔结盟约。很快，楚王派军队支援赵国，赵国于是解围。事后，平原君深感愧疚地说：“毛遂原来真是了不起的人啊！他的三寸不烂之舌，真抵得过百万大军呀！可是以前我竟没发现他。若不是毛遂挺身而出，我可要埋没一个人才呢！”

毛遂自荐的故事告诉我们，不要总是等着别人去推荐，只要有才干，不妨自己主动站出来，做出自己应有的贡献。

王侯将相宁有种乎

公元前 209 年，陈胜、吴广等九百余人被征发去渔阳戍边，途中在蕲县大泽乡遇大雨误期，根据秦朝法律，戍卒误期，到达目的地后一律处死。情急之下，陈胜、吴广领导戍卒发动反秦起义，史称“大泽乡起义”。起义军推举陈胜为王，并在陈县（今河南淮阳）建立张楚政权，各地纷纷响应。

公元前 209 年，秦王朝征召闾左平民百姓前往渔阳屯戍边，九百余人途中屯驻在大泽乡，陈胜、吴广均被指派为屯长。恰巧遇上天降大雨，道路不通，推测时间已无法按规定期限到达渔阳防地。而按秦法规定，延误戍期，一律处

斩。于是，陈胜、吴广便趁着天下百姓都因生计愁苦而对秦多有怨恨，杀掉了押送他们的将尉，召集戍卒说：“你们都已经延误了戍期，当被杀头。即使不被斩首，因长久在外戍边而死去的也要占到十之六七。何况壮士不死则已，要死就要死得轰轰烈烈！王侯将相难道是天生的吗？”众人全都响应。陈胜、吴广便诈以已死的扶苏和楚国的大将项燕为名，培土筑坛，登到上面宣布誓约，号称“大楚”。陈胜自立为将军，吴广为都尉。起义军随即攻陷大泽乡，接着招收义兵扩军，进攻蕲。夺取蕲后，又令符离人葛婴率军攻掠蕲以东地区，相继攻打柘、谯等地，全都攻下了。义军沿路招收人马，等到抵达陈地时，已有战车六七百辆，骑兵千余，步兵数万人。攻打陈地时，郡守和郡尉都不在，只有留守的郡丞在谯楼下的城门中抵抗义军，不能取胜，郡丞被打死。陈胜于是领兵入城，占据了陈地。

当初，大梁人张耳、陈余结为同生死、共患难的朋友。秦国灭魏时，听说两个人是魏国的名士，便悬重赏征求他们。张耳、陈余于是改名换姓，一起逃到了陈地，充任里门看守来糊口。管理里巷的官吏曾经因陈余出了小过失而鞭笞他，陈余想要与那官吏抗争，张耳踩他的脚，让他接受鞭笞。待那小官离开后，张耳将陈余拉到桑树下，数落他说：“当初我是怎么对你说的？现在遇上一点小的侮辱，就想跟一个小官吏拼命啊！”陈余为此道了歉。及至陈胜率义军已进入陈地，张耳、陈余便前往陈胜的驻地通名求见。陈胜一向听说他们二人很贤能，故而非常高兴。恰逢陈地中有声望的地方人士和乡官请求立陈胜为楚王，陈胜就拿这件事来询问张耳、陈余的意见。二人回答说："秦王朝暴乱无道，歼灭他国，残害百姓。而今您冒万死的危险起兵反抗的目的，就是要为天下百姓除害啊！现在您才到达陈地即要称王，是向天下人显露您的私心。因此希望您不要称王，而是火速率军向西，派人去扶立六国国君的后裔，替自己培植党羽，以此为秦王朝增树敌人。秦的敌人多了，兵力就势必分散，大楚联合的国家多了，兵力就必然强大。这样一来，就可以在野外军队不必交锋，遇到县城也没有兵力为秦守城，将会铲除残暴的秦政权，占据咸阳，以号令各诸侯国。灭亡的诸侯国得到复兴，您施德政使它们服从，您的帝王大业就完成了！如今只在一个陈县就称王，恐怕会使天下人斗志松懈了。"陈胜没有听从这一意见，仍自立为楚王，号称"张楚"。

陈胜、吴广领导的起义坚持了六个月，终告失败。但它沉重地打击了秦王朝的腐朽统治，为推翻秦朝奠定了基础。其后，各地农民起义军继续坚持反秦斗争，终于推翻了秦朝。陈胜、吴广起义所表现出的革命首创精神和英雄气概，鼓舞了后世千千万万农民反抗封建统治的斗争。

怀大志刘邦、项羽起义

刘邦和项羽从小就有大志向，刘邦见了秦始皇的浩荡车驾，不由自主地说出：“嗟乎，大丈夫当如是也！”秦始皇巡游到会稽，项羽见了却毫无畏惧地说：“彼可取而代也。”

刘邦，字季，对人友爱宽厚，喜欢施舍财物于人，心胸开阔，素来有远大的志向，不安于从事平民百姓的日常耕作。起初，刘邦担任泗水亭长，单父县人吕公，喜爱给人相面，看见刘邦的身形容貌，认为很不寻常，便将女儿嫁给了他。不久，刘邦以亭长身份遣送被罚服营建劳作的夫役到骊山去，途中许多夫役逃亡。刘邦据此推测待到骊山时人都已经跑光了，于是行至丰乡西面的泽中亭后，停下来休息饮酒，到了晚上即释放所送的夫役们说：“你们都走吧，我也就此逃命去了！”夫役中年轻力壮的汉子愿意跟随他的有十余人。刘邦随后逃亡，隐藏在芒、砀的山泽中。沛县的年轻人闻讯后，大都想要去归附他。

及至陈胜起兵，沛县县令打算举城响应，主吏萧何、狱掾曹参说：“您身为秦朝官吏，现在想要背叛朝廷，以此率领沛县的青年，恐怕他们不会听从您的号令。望您把那些逃亡在外的人召集起来，可得数百人，借此威胁大众，众人便不敢不服从了。”县令于是命樊哙去召刘邦来见，这时刘邦的部众已有百十来人了。县令事后很懊悔，担心召刘邦等人来会发生变故，就下令关闭城门，防守城池，并要诛杀萧何、曹参。萧、曹二人大为惊恐，逃出城去投奔刘邦以求自保。刘邦便在绸绢上草就一书，用箭射到城上，送给沛县的父老，陈说利害关系。父老们便率领年轻一辈一起杀掉了县令，敞开城门迎接刘邦，拥立他为“沛公”。萧何、曹参为刘邦召集沛县青年，得三千人，以此响应诸侯反秦。

项梁是故楚国大将项燕之子，因曾经杀过人，与他哥哥的儿子项羽逃到吴中躲避仇家。吴中有声望的士人都在项梁之下，不及他。项羽少年时学习识字和写字，未学成即抛开去习练剑法击刺之术，又未学成。项梁为此非常生气，项羽说：“识字写字，记名姓就行了！学剑也不过只能抵挡一人，不值得去学。要学就要学可以抵抗万人的本事！”项梁因此便教授项羽兵法，项羽喜不自胜，但是在略知兵法大意之后，又不肯学下去。

项羽身长八尺多，力能独自举鼎，才干、气度超过了一般人。会稽郡郡守殷通听到陈胜起兵抗秦的消息后，想要发兵响应陈胜，便令项梁和桓楚指挥所发动的兵马。这时，桓楚正在逃亡之中。项梁说：“桓楚在逃亡中，没有人知道他在什么地方，只有项羽知道他的行踪。”项梁就嘱咐项羽持剑候在外面，自己又进去与郡守同坐，说：“请您召见项羽，让他接受命令去召回桓楚。”殷通说：“好吧。”项梁唤项羽入内受命。不一会儿，项梁向项羽使了个动手的眼色，项羽

随即拔剑斩下了殷通的头。项梁手提郡守的头颅，佩戴上郡守的官印。郡守的侍从护卫们见状惊慌失措，混乱不堪，被项羽所击杀的有百十来人，一府之人都吓得趴在地上，没有一个敢起身的。项梁随后便召集他从前熟悉的有势力的强干官吏，把所有要起事反秦的道理告诉他们，然后立即征集吴中的兵员，命人收取郡下所属各县丁壮，得精兵八千人。项梁自己做了会稽郡郡守，以项羽为副将，镇抚郡属各县。项羽此时年方二十四岁。

社稷之臣汲黯

汲黯，字长孺，西汉濮阳人。武帝时，任东海太守，继为主爵都尉，他为政只抓大事，喜爱清静无为，好黄老之术，常直言劝谏，曾指责汉武帝为“内多欲而外施仁义”。

汲黯担任谒者时，因他为人威严而被大家敬畏。东越部族相互攻击，武帝派汲黯前去巡视，他没有到达东越，仅走到吴地就回来了。他向武帝报告说：“越人自相攻击，本来他们的习俗就是如此，不值得为此折辱天子的使臣。”河内郡失火，火势蔓延烧毁了一千多家民房，武帝派汲黯前去视察。汲黯返回之后，报告说：“平民百姓不慎失火，因为房屋毗连而蔓延燃烧起来，不值得陛下忧虑。我经过河南郡时，见河南郡的贫民遭受洪水干旱灾害的有一万多家，有的甚至到了父子相食的悲惨境地，我谨借出使的机会，用陛

下的符节，命令发放河南官仓积粮以救济贫民。我请求归还符节，甘愿领受假托天子命令的惩罚。”武帝很赏识他，就赦免了他的罪。他在东海郡时，整肃官吏，治理百姓，喜好清静无为，谨慎地选择郡丞和各曹掾史，然后放手任用，他只关注大事，不苛求细枝末节。汲黯身体多病，躺在内室中不出门，过了一年多，东海郡被治理得很好，百姓交口称赞汲黯。武帝听到了，召汲黯入朝，担任主爵都尉，地位与九卿相同。他处理政务不拘泥法令条文，从大的方向引导。

汲黯为人性情倨傲，缺少礼数，当面使人难堪，不能容忍别人的过失。当时武帝正招揽文学之士和儒家学者，武帝说：“我想要以仁义治国。”汲黯应声回答说：“陛下心中藏着许多欲望，而表面上却做出施行仁义的样子，怎么可能效法汤尧禹舜那样的治绩呢？”武帝沉默不语，接着勃然大怒，脸色很难看地宣布结束朝会。公卿大臣都替汲黯担忧。武帝退朝回到内宫，对左右侍从说：“汲黯的愚笨刚直也太过分了！”群臣中有人批评汲黯，汲黯说：“天子设立公卿等辅佐大臣，难道是让他们阿谀奉承，使君主陷入不仁不义的境地吗？况且，我既然已经处在公卿的位置上，如果只想顾全自身性命，那就会使朝廷蒙受耻辱，那怎么得了！”汲黯身体多病，病假将要接近三个月的限期了，武帝多次特许延长他休病假的时间，他还是没有痊愈。最后病重时，庄助替他告假。武帝说：“汲黯这个人怎么样呢？”庄助说：“让汲黯

任职当官，没有什么超越常人的才能，但要说到让他辅佐年幼的君主，会坚定不移地维护祖先基业。有人以利禄引诱他，他不会前去投靠；君主严词苛责地驱赶他，他也不会离去；即使有人像孟贲、夏育那样勇猛无敌，也无法改变他他的耿耿忠心！”武帝说：“说得对。古时有所谓的社稷之臣，说到汲黯，就很接近了！”

当时，将军卫青由于破匈奴有功得到尊崇宠信，没有哪位朝廷大臣能与他相比。三公、九卿及以下官员都对卫青卑身奉承，只有汲黯用平等的礼节对待卫青。有人劝汲黯说：“皇上想让群臣全都居于大将军之下，大将军地位显赫，您应当下拜。”汲黯说：“以大将军的身份而有长揖不拜的平辈客人，大将军难道就不尊贵了吗？”卫青得知，越发觉得汲黯贤能，多次向汲黯请教国家大事，因此他比平时更受尊重。卫青虽然地位尊贵，但有时入宫，汉武帝就坐在床边接见他；丞相公孙弘在汉武帝空闲时进见，汉武帝有时不戴帽子；而汲黯进见时，汉武帝没戴上帽子就不接见。有一次，汉武帝正坐在陈列兵器的帐中，汲黯前来奏事，汉武帝没戴帽子，远远看见汲黯，急忙躲入后帐，派人传话，批准汲黯所奏之事。汲黯受到的尊重和礼敬由此可见一斑。

哀帝宠臣董贤

董贤是西汉御史董恭之子。董贤初任太子舍人，汉哀帝即位后改任他职。两年后，哀帝有一天在宫中望见董贤，被他的仪貌吸引，拜他为黄门郎。不久又擢升他为驸马都尉，成为哀帝近臣。哀帝因外戚争权，政局动荡，又身患痼疾而经常恐惧不安，得董贤朝夕侍奉陪伴，感其亲近可以信赖，由是恩宠倍加，甚至想把皇位让给董贤。哀帝为了树立董贤在文武群臣中的威望，提携董贤，可以称得上煞费心机，极尽上提下推之能事。

驸马都尉、侍中、云阳人董贤很得哀帝的宠爱，出则陪同乘车，入则随侍左右，赏赐累积无数，他的显贵震动了朝廷。董贤常与哀帝睡在一张床上，有一次睡午觉，董贤斜身压住了哀帝的袖子，哀帝想起床，但董贤还没睡醒，哀帝不愿惊动他，于是就把袖子割断了再起床。哀帝又诏命董贤的妻子可以向门使通报姓名记录在案后进入皇宫，住在董贤在宫中的住所。又召董贤的妹妹入宫，封为昭仪，地位仅次于皇后。昭仪与董贤夫妻日夜侍奉哀帝，一同跟随左右。哀帝还任命董贤的父亲董恭为少府，赐爵关内侯。哀帝又下诏，为董贤在北宫门外建筑宏大的宅邸，里面有前后大殿，殿门宽阔，工程浩大，豪华精巧绝伦。又赐给他武器库里宫中专用的兵器和皇宫的珍宝。宫中珍宝物品上等的，全都被挑选送进了董贤的家里，而皇帝所用的不过是次一等的。甚至连皇家丧葬用的棺木、珍珠连缀制成的寿衣、玉璧制成的寿裤，都预先赐给了董贤，无不齐备。又下令在自己的陵墓义

陵旁为董贤建筑墓园，内修别室，还用坚实的柏木，大头朝内排垒在棺外。墓园外修筑巡察道路，围墙有数里之长。

公元前 2 年，哀帝任命侍中、驸马都尉董贤为大司马、卫将军。任命策书上说："封立你为三公，作为汉朝的辅佐。我一向知道你的忠诚，能匡正众事，忠诚地坚持中庸之道。"当时董贤二十二岁，虽列为三公，但常在宫中服侍，主管尚书事务，百官必须通过董贤才可奏事。哀帝又因为董贤的父亲卫尉董恭不宜居卿位，就把他调升为光禄大夫，俸禄为二千石。董贤的弟弟董宽信，接替董贤为驸马都尉。董氏亲属都成为侍中、诸曹，可定期朝见皇帝。

当初，丞相孔光为御史大夫时，董贤的父亲董恭为御史，要侍奉孔光。等到董贤当上大司马，与孔光同为三公，哀帝故意让董贤私下去孔光家拜访。孔光素来恭谨小心，知道皇上尊崇董贤。一听说董贤要到了，孔光布置警戒，穿上官服、戴上官帽，出大门等候。望见董贤的车队，才退入大门。董贤到达中门，孔光进入客厅，等董贤下车后，孔光才出来，拜见、迎送之礼非常恭敬谨慎，不敢用接待同等地位宾客的礼节来接待董贤。哀帝听说后，非常高兴，立即授孔光的两个侄子为谏大夫、常侍。

公元前 1 年，哀帝在未央宫逝世。太皇太后得到哀帝驾崩的消息，当天就亲临未央宫，收取皇帝的玉玺、绶带，派使者骑马速召新都侯王莽，并下诏给尚书：所有征集军队的

符节、百官奏事、中黄门和期门武士等，全由王莽掌管。王莽遵照皇太后旨令，命尚书弹劾董贤，说他在哀帝病重时不亲自侍奉医药，因此禁止董贤入宫。接着，王莽派使者持太后诏书革除了董贤的官职，说："董贤年轻，未经历过事理，当大司马不合民意。立即收回大司马印信、绶带，革官回府。"当天，董贤与妻子都自尽了。其家人惶恐万分，趁夜将他偷偷埋葬。王莽怀疑他诈死，于是主管官员奏请发掘董贤棺柩，把棺柩抬到监狱验尸，随后就将他埋葬在狱中。

春秋时代的卫懿公曾经因为爱鹤而亡国，爱鹤爱到众叛亲离的地步，堪称"玩物丧国"。汉哀帝独爱董贤，虽未到亡国的地步，却引来"千人所指，无病而终"，下场亦十分悲惨。宠于一人一事容易导致一叶障目，只见树木，不见森林，这是最大的弊端。从统治者的角度看，手下文臣武将只要有真才实干，都应得到重用，靠一个人很难支撑起天下。

绿林赤眉起义

王莽改制后，法令烦苛，徭役繁重，加上天灾相困，民不得耕桑，阶级矛盾非常尖锐。公元 17 年，荆州一带发生饥荒，饥民数百人共推新市（今湖北京山）人王匡、王凤为领袖，发动起义。起义军以绿林山（今湖北大洪山）为根据地，称"绿林军"。次年，琅琊（今山东诸城）人樊崇率领一百多人在莒县（今山东莒县）起义，不久转入泰山。

率领一百多人在莒县（今山东莒县）起义，不久转入泰山。起义军用赤色染眉，以与敌军区别，因而称之为“赤眉军”。

公元17年，王莽设置羲和命士，督促实行管理财政的五均、六管制度。每郡有几个名额，都由富豪、巨商担任。这些官员乘坐驿车，谋求私利，往来全国，乘机与郡县官吏勾结，设立假账，国库未能充实，而百姓更加穷苦。王莽每一项管理制度下达，总要为它设置条规禁令，违反的人罪重的甚至处死，奸猾之徒与贪官污吏同时侵害百姓，百姓不得安宁。此外，上公及以下有奴婢的人一律交税金，一名奴婢要缴纳三千六百钱，百姓愈发愁苦。新朝的法令，烦琐苛刻，百姓动辄触犯，农民没有时间耕田种桑，徭役繁重，而旱灾、蝗灾接连发生，诉讼和监狱中在押的囚犯长久不能结案。官吏用残暴的手段建立威严，利用王莽的禁令侵占百姓财产，富人不能保护自己的财产，穷人不能活命。于是，无论贫富都当起强盗，他们依靠高山大泽的险阻建立据点，官吏无法攻陷，只好蒙蔽上级，以致盗贼越来越多。

公元17年，南方荆州闹饥荒，百姓不得不到沼泽地区挖野荸荠充饥。人多野荸荠少，引起了争夺。新市有两个有名望的人，一个叫王匡，一个叫王凤，出来为农民调解，受到农民的拥护。大家就公推他们当首领。王匡、王凤就把这批饥民组织起来起义，一下子就聚集了好几百人，还有一些逃亡的犯人也来投奔他们。他们占领了绿林山作为根据地，攻占附近的乡村。不到几个月工夫，这支起义军就发展到七八千人。王莽派了两万官兵去围剿绿林军，被绿林军打得大败而逃。绿林军趁势攻下了几座县城，打开监狱，放出囚犯；把官府粮仓里的粮食，一部分分给当地穷人，剩余的搬到绿林山。投奔绿林山的穷人越来越多，起义军增加到五万多人。第二年，绿林山上不幸发生了疫病，五万人差不多死了一半，剩下的一半只好离开绿林山。后来分作三路人马，即新市兵、平林（今湖北随县东北）兵和下江（长江在湖北西部以下的部分）兵，这三路人马各自占领一块地盘，队伍又强大起来了。

当南方的绿林军在荆州一带打击官兵的时候，东方的起义军也壮大起来。琅琊海曲（今山东日照市）有个姓吕的老大娘，儿子是县里的一个公差，因为不肯依县官的命令毒打没钱付税的穷人，被县令杀害了。由此激起了公愤，有上百个穷苦农民起来替吕母的儿子报仇，杀了县令，跟着吕母逃到黄海，一有机会就上岸攻打官兵。这时候，另一个起义领袖樊崇带领几百个人占领了泰山。吕母死后，她手下的人投奔樊崇起义军。不到一年工夫，就发展到一万多人，在青州和徐州之间来往打击官府、地主。樊崇的起义军纪律严明，规定谁杀死老百姓就要被处死，谁伤害老百姓就要受罚，所以百姓很拥护他们。公元 22 年，王莽派太师王匡

（非绿林军中的王匡）和将军廉丹率领十万大军去镇压樊崇起义军。樊崇做好准备，与官兵大战。为了避免起义士兵跟王莽的士兵混杂，樊崇命他的部下在眉毛上涂上红颜色，作为识别的记号。这样，樊崇的起义军又被称“赤眉军”。两军交战，结果，官兵打了败仗，逃散了一大半。太师王匡的大腿被樊崇扎了一枪，逃了回去；将军廉丹在乱军之中被杀。赤眉军不断壮大，不久就发展到十多万人。

赤眉、绿林起义推翻了新莽政权，给地主阶级以沉重的打击，使得西汉后期严重的社会危机得到暂时的缓解。但是，在新的封建统治者布下的陷阱里，这一轰轰烈烈的农民大起义最终失败了。光武帝刘秀经过十年时间，先后铲平了各地的割据势力，重建了统一的东汉王朝。

马援择君

马援是东汉著名的军事家，因功累官至伏波将军，封新息侯。早年他曾经投奔隗嚣，隗嚣很器重他，事无巨细都和他商量。那时天下大乱，群雄并起，刘秀在洛阳称帝，公孙述在四川称帝。隗嚣派马援前去试探，去看看这两位皇帝到底怎么样。

公元 23 年，一度割据天水的军阀隗嚣回到天水，又召集部众，重整旧时功业，自称西州上将军。逃避战乱的三辅士大夫大都归附隗嚣，隗嚣热诚接待，像平民似地相互结交。他任命平陵人范逡为师友，前凉州刺史河内人郑兴为祭酒，茂陵人申屠刚、杜林为治书，马援为绥德将军。一时威名震动西方州郡，闻名于崤山以东。

马援年轻时，由于家庭贫困，辞别哥哥马况，到北地种田放牧。他常对人说："大丈夫立志，穷困的时候应该更坚定，年老的时候应当更雄壮。"后来，他拥有数千头牲畜，数万斛粮食。不久，他又感叹说："增加财富，可贵之处在于能够赈济施舍，否则，不过是守财奴罢了！"于是，他把全部家产分送给亲友故旧。马援得知隗嚣礼贤下士，就去投奔他。隗嚣十分敬重马援，和他一起筹划决策。

公元 28 年，隗嚣派马援前往成都观察公孙述的情况。马援和公孙述是同乡，关系很好，他以为到达之后，公孙述一定会像平时那样和他握手言欢。但公孙述却命许多卫士排列在殿阶下，戒备森严，然后请马援进入。行过交拜礼节之后，公孙述让马援到宾馆休息。公孙述在宗庙中召集百官，用绣着鸾鸟的旗帜、披头散发的骑士做前导，开路清道，实行警戒，礼仪祭品及百官的阵容十分盛大。公孙述准备封马援侯爵，任命大将军。马援带领的宾客们都乐意留下来。马援向他们解释说："天下胜负未定，公孙述不懂得吐出口中的饭，奔走迎接有才干的人，与他们共同图谋成败的大事，反而注重烦琐的细节，就像一个木偶人，这种人怎么能够长久留住天下有志之士呢？"因此告辞返回，对隗嚣说："公

孙述不过是井底之蛙罢了，却妄自尊大！我们不如一心与东方的刘秀往来。”

后来，隗嚣又派马援带着给刘秀的信到洛阳去。马援初到，等了很久，中黄门引进。刘秀在宣德殿南面的廊屋里，只戴着头巾，坐在那里，笑迎马援。刘秀对马援说：“您在两个皇帝之间游历，今天见到您，令人非常惭愧。”马援叩择君主。我和公孙述同是一县之人，自幼关系很好。我前些时候到成都，公孙述让武士持戟立在殿阶下，然后才接见我。我今天远道而来，您怎么知道我不是刺客或奸恶的人，而这样平易地接见我？”刘秀又笑着说：“您不是刺客，不过是说客罢了。”马援说：“天下大局，反复未定，盗用帝王称号的人不计其数。今天我看见您恢宏大度，和高祖一样，才知道您才是真正的天子啊！”刘秀派人持符节送马援回到陇西。

回去以后，隗嚣向马援询问东方的情况。马援说：“先前到朝廷，刘秀接见我有数十次。每次接见，都在一起闲谈，从晚上一直到天亮。他的聪明才智，勇气谋略，不是他人所能匹敌的。并且他心胸开阔，坦率真诚，无所隐藏，豁达而注重大节，和汉高祖很相像。他还博读经书，政事处理得条理清楚，前世的帝王没人能够和他相比。”隗嚣说：“你认为他和汉高祖相比，怎样？”马援说：“不如。高祖没有太多规矩，而当今皇上喜好处理政务，行动符合规矩，又

不喜欢喝酒。”隗嚣感到不高兴，说：“要像你说的那样，皇上反而比高祖更高明了！”

马援是一位传奇式的人物，也是当之无愧的智者。当时最有势力的三股力量中，割据陇西的隗嚣对他无比信任，言听计从，而占据蜀中的公孙述则是他的同乡，待他也是殷勤无比，许以封侯。可他偏偏投向了素不相识的刘秀。马援曾说：“当今之时，并不只是君选择臣，臣也要选择君。”

黄巾起义

东汉末年，汉王朝外戚、宦官争权，买卖官爵，朝政日渐腐败，东汉与西羌的战争历时数十年，耗资无数。加上地方豪强大量兼并土地，致使民不聊生，多次爆发小规模的起义，但均遭到东汉王朝的无情镇压。在这样的背景下，张角发动了黄巾起义。

巨鹿人张角信奉黄帝、老子，以法术和咒语等传授门徒，号称“太平道”。他用念过咒语的符水治病，先让病人下跪，说出自己所犯的错误，然后喝下符水，有些病人竟然就此痊愈，于是，人们将他奉若神明。张角派他的弟子游走四方，不断发展信徒，十余年的时间，信徒多达数十万，青州、徐州、幽州、冀州、荆州、扬州、兖州和豫州等八州之人，无不响应。有的信徒卖掉自己的家产，投奔张角，他们塞满道路，尚未到达而死在途中的也数以万计。郡、县的官员不了解张角的真实意图，反而认为张角教民向善，因而为百姓所拥戴。

太尉杨赐当时正担任司徒，他上书说："张角欺骗百姓，虽受到免除罪责的赦令，仍不思悔改，反而逐渐蔓延扩张势力。现在，如果命州、郡进行镇压，恐怕会加重局势的混乱，促使其提前叛乱。应该命令刺史、郡守清查流民，将他们分别护送回本郡，以削弱张角党徒的力量，然后再诛杀那些首领。这样，不必劳师动众，就可以平息事态。"恰在此时，杨赐去职，他的奏章遂留在皇宫，未能实行。司徒掾刘陶再次上书，重提杨赐的这项建议。灵帝对这件事很不在意，反而下诏让刘陶整理《春秋条例》。

张角设置三十六个方，方犹如将军，大方统率一万余人，小方统率六七千人，各立首领。他宣称："苍天已死，黄天当立，岁在甲子，天下大吉。"并用白土在京城洛阳各官署及各州、郡官府的大门上都写上"甲子"二字。他们计划，由大方马元义等先集结荆州、扬州的党徒数万人，按期会合，在邺城起事。马元义多次前往京城洛阳，以中常侍徐奉等人为内应，约定于次年三月五日在京城内外同时起义。

公元184年春，张角的弟子济南人唐周上书告密。于是，朝廷逮捕了马元义，在洛阳用车裂的酷刑将他处死。灵帝下诏，命令三公和司隶校尉调查皇宫及朝廷官员、禁军将士和普通百姓中信奉张角的“太平教”者，处死了一千余人。同时还下令冀州的官员捉拿张角等人。张角等得知计划已经泄露，便派人昼夜兼程赶往各地，通知各方首领，一时间各方全都起兵，他们个个头戴黄巾作为标志，因此当时人称他们为“黄巾贼”。二月，张角自称天公将军，其弟张宝称地公将军，张梁称人公将军。他们焚烧当地官府，劫掠城镇。州郡官员无力抵抗，大多弃职逃跑。不到一个月的时间，天下纷纷响应，京城洛阳为之震动。安平国和甘陵国的百姓分别生擒了安平王和甘陵王，响应黄巾军。

灵帝召集群臣商议对策。北地郡太守皇甫嵩认为，应该解除禁止党人做官的禁令，并拿出皇帝私人所有的中藏府钱财以及西园骥厩中的良马，赏赐给出征的将士。灵帝询问中常侍吕强的意见，吕强说：“对党人的禁令时间已经很长了，人心怨恨愤怒，若不予以赦免，他们将与张角联合起来，叛乱之势便会更趋扩大，到那时，后悔就来不及了。现在，请先将陛下左右贪赃枉法的官员处死，大赦所有的党人，并考察各地刺史、太守的能力。如果这样做，叛乱就会平息了。”灵帝对黄巾军的势力感到害怕，于是接受了吕强的建议。大赦天下党人，已经被流放到边疆地区的党人及其家属都可以重返故乡，唯有张角不在赦免范围之内。与此同时，灵帝征调全国各地的精兵，派遣北中郎将卢植征讨张角，左中郎将皇甫嵩、右中郎将朱俊征讨在颍川地区活动的黄巾军。

黄巾起义给了腐朽的东汉王朝沉重的一击，东汉朝廷虽然成功地镇压了起义，但力量被严重削弱。为了镇压义军，朝廷不得不给予地方守牧更多的军事权力，为以后东汉的衰落及军阀割据战争的出现创造了条件，促进了东汉末期军阀势力的壮大，可以说在一定程度上导致了三国乱世的出现，开启了乱世之门。

曹操挟天子以令诸侯

曹操的事业之所以成功，其酷虐、多变的个性，在扫荡政敌、诛除异己、树威秉势等方面，固然发挥了特殊的作用。然而，单凭树威秉势还不足以成就大业，还需具有审时度势、多谋善断、知人善任、施恩尽能的特殊才能、智谋和魄力。在这方面，曹操显露了作为政治家、军事家的非凡的雄才大略。

公元 196 年，汉献帝逃出长安后，在韩暹、杨奉等人的护送下，回到东都洛阳。当时曹操在许县，计划迎接献帝。部众都认为："峭山以东尚未平定，而且韩暹、杨奉等人自认为护驾有功，骄横凶暴，不能迅速制服。"荀彧说："以前，晋文公重耳迎纳周襄王，各国一致推举他为霸主；汉高祖为义帝发丧，身穿孝服，使得天下百姓诚心归附。自从天子流离在外，将军首先倡导兴起义军，只因峭山以东局势混乱，来不及远行迎驾。如今皇帝返回旧京，但洛阳荒废，忠义之士希望能保全根本，黎民百姓也怀念旧的王室，为之悲伤。借此时机，奉迎天子以顺从民心，是最合乎时势的行为；用大公无私的态度使天下人心悦诚服，是最正确的策略；坚守君臣大义，辅佐朝廷，招揽天下英才，是最大的德行。这样，尽管四方还有不遵从朝廷的叛逆，但他们能有什么作为？韩暹、杨奉之辈，又有什么值得顾虑的呢？如果不及时决定，使别的豪杰生出奉迎的念头，以后尽管再去努力，也来不及了。”于是，曹操派遣扬武中郎将曹洪率兵向西，到洛阳迎接献帝。董承等扼守险要阻拦，曹洪不能前进。

议郎董昭认为杨奉的兵马最强，但缺少外援，就用曹操的名义给杨奉写信说：“我与将军相互倾慕，只听到名声，便已推心置腹。如今，将军在艰难之中救出天子，护送他回到旧都洛阳，卫护辅佐的功勋，盖世无双，是何等的伟业！现在，各地不法之徒扰乱中原，天下不宁，君主的平安至关重要。所有的贤明之士必须一起努力，才能肃清君王道路上的障碍，这绝不是一个人的力量所能办得到的。将军应当在朝廷主持事务，我则作为外援，如今我有粮草，将军有兵马，互通有无，足以相辅相成，我们生死与共，祸福同当。”杨奉接到信后十分高兴，对其他将领说：“兖州的军队，近在许县，有兵有粮，朝廷正可以倚靠他们。”于是，诸将联名上表推荐曹操担任镇东将军，并承袭他父亲曹嵩的爵位费

亭侯。

韩暹倚仗护驾有功，专横霸道，董承对他十分厌恨，就私下派人召请曹操。于是，曹操亲率大军到达洛阳，向献帝奏报韩暹的不法行为。韩暹害怕被杀，单枪匹马投奔杨奉。献帝认为韩暹护驾有功，下诏一切不予追究。公元196年，献帝命曹操兼任司隶校尉，主持尚书事务。

曹操请董昭与自己并坐在一起，问他："现在我已到洛阳，应当采取什么策略?"董昭说："将军兴起义兵，讨伐暴乱，入京朝见天子，辅佐王室，这是春秋时期五霸的功业。现在洛阳的各位将领，各有打算，未必听从将军的指挥。如今留在洛阳控制朝政，有许多不利因素，只有请天子移驾到许县才好。"曹操说："我本来的计划就是这样的。只是杨奉近在梁县，听说他兵强马壮，不会阻挠我吗?"董昭说："杨奉缺少外援党羽，所以他愿与将军结交。任命您为镇东将军、封费亭侯的事情，都是杨奉的建议，应该及时派遣使者带去重礼表示感谢，使他安心。杨奉这个人有勇无谋，一定不会疑心。"曹操说："很好!"立即派使者去拜见杨奉。八月二十七日，献帝车驾向东行进，迁都于许县，改称许县为许都，任命曹操为大将军，封武平侯。

曹操"挟天子以令诸侯"，在当时引起强烈的社会反响，尤其是袁绍得知汉献帝被曹操奉迎到许都，后悔不迭，于是穷思竭虑，想出了补救办法：他以盟主身份，借口"许

下埤湿，洛阳残破，宜徙都鄄城”，令曹操把汉献帝迁到鄄城以自密近，便于得机将其控制在自己手上。曹操当然不同意，他转请献帝发下一道诏书责备袁绍：“地广兵多，而专自树党，不闻勤王之师，但在相讨伐。”这正是曹操“奉天子以令天下”策略的妙用。从此以后，曹操掌握了天下大权，在群雄中脱颖而出。

李特率流民起义

当初曹操攻克汉中时，李氏率领五百多户人家归附，被封为将军。李氏的孙子李特、李流等人，都有才能，通武艺，擅长骑射，性格豪爽，为人仗义，同州有很多人归附他们。李特到了剑阁，叹息说：“刘禅拥有这样的地方，居然要投降他人，真是个庸才啊！”听到的人都觉得他不同寻常。公元 301 年，天水等六郡饥民起义，推李特为首领，率众两万余人，与晋军作战，先后南攻广汉、成都。公元 303 年，攻取成都少城，建立“成”国，年号建初。

西晋的腐朽统治和诸侯混战，给百姓带来无穷无尽的灾难，加上接连不断的天灾，许多地方的农民没有粮吃，被迫离开自己的故乡，成群结队到别的地方逃荒。这些逃荒的农民叫作“流民”。

蜀地离中原地区较远，百姓生活比较安定。流民进入蜀地后，就分散在各地，靠给富户人家打长工过活。益州刺史

罗尚，却要把这批流民赶回关中去。他们还在要道上设立关卡，准备抢夺流民的财物。流民们听到官府要逼他们离开蜀地，想到家乡正在闹饥荒，回去也没法过日子，人人都发愁叫苦。流民们向李特诉苦，李特几次向官府请求放宽遣送流民的期限。流民听到这个消息，感激李特，纷纷投奔他。李特在绵竹地方设了一个大营，收容流民。不到一个月，流民越聚越多，约有两万人。他的弟弟李流也设营收容了几千流民。

李特收容流民之后，派使者阎彧去见罗尚，再次请求缓期遣送流民。阎彧来到罗尚的刺史府，看到那里正在修筑营寨，调动兵马，知道他们不怀好意。他见了罗尚，说明了来意。罗尚对阎彧说："我已经准许流民缓期遣送了，你回去告诉他们吧！"阎彧直爽地对他说："罗公听了别人的坏话，看样子恐怕不会饶过他们。不过我倒要劝您，不要小看了老百姓。百姓看起来是软弱的，您若逼得他们无路可走，众怒难犯，只怕对您没有好处。"罗尚假惺惺地说："我不会骗你，你就这样去说吧！"

阎彧回到绵竹，把罗尚那里的情况一五一十地告诉了李特，并且对李特说："罗尚虽然这样说，但是我们不能轻信他，要防备他偷袭。"李特也怀疑罗尚的话不可靠，立刻把流民组织起来，准备好武器，布置阵势，准备抵抗晋兵的进攻。到了晚上，罗尚果然派部将带了步兵、骑兵三万人，偷袭绵竹大营。晋军进入李特的营地，李特故作镇静地躺在大营里。晋将自以为得计，一声号令，叫兵士猛攻李特大营。三万晋军刚进入营地，只听得四面八方响起了一阵震耳的锣鼓声。大营里预先埋伏好的流民，手拿长矛大刀，一起杀了出来。流民们英勇无比，以一抵十。晋军没有料到流民早有准备，心里一慌，已经没了斗志，被流民杀得丢盔弃甲，四散逃窜。

流民杀散晋军，知道晋朝统治者不会罢休，就请求李特替他们做主，领导他们抗击官府。李特和六郡流民首领商量，首领们一致推举李特为镇北大将军，李流为镇东将军，几个流民首领都被推举为将领。他们整顿兵马，军威大振。没过几天，就攻下了附近的广汉，赶走了那里的太守。李特进了广汉，学汉高祖刘邦的样子，宣布约法三章，打开了官府的粮仓，救济当地的贫苦百姓。流民组成的军队在李特的领导下，纪律严明。蜀地的百姓平时受尽晋朝官府的压迫，现在李特来了，生活倒安定起来，因此非常高兴。民间编了一个歌谣说："李特尚可，罗尚杀我。"

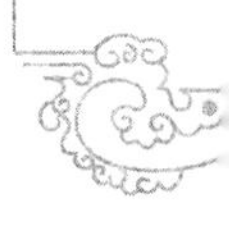

罗尚表面上派使者向李特求和，暗地里勾结当地豪强势力，围攻李特。李特在奋勇抵抗之后，战败牺牲。他的儿子李雄继续率领流民战斗。公元 304 年，李雄自立为成都王。过了两年，又自称皇帝，国号大成。到李雄之侄李寿在位时，改国号为汉。所以历史上又称"成汉"。

祖逖北伐

东晋时的祖逖是一位仗义豪侠、忧国忧民的志士。魏晋时期，天下大乱。祖逖看到自己国家失去了北方大片领土，无数同胞处于侵略者的铁蹄之下，非常痛心。他决心收复失地，重振国威。

祖逖年轻时就立下大志。据《晋书·祖逖传》记载：祖逖和刘琨一起担任司州主簿，他与刘琨共被同寝，半夜时听到鸡叫，就把刘琨叫醒，说："多好的声音啊！"于是起床舞剑。逢乱渡江以后，左丞相司马睿让祖逖担任军咨祭酒。祖逖住在京口，招募骁勇强壮的勇士。祖逖劝说司马睿派军光复中原，司马睿一直没有北伐的志向，听了祖逖的话后，就任命祖逖为奋威将军、豫州刺史，但只拨给他一千人的口粮和三千匹布，不供给兵器，让祖逖自己想办法募集。

祖逖带领自己的部属共一百多户人家渡过长江，到江心的时候，斩桨发誓，说："我如果不能廓清中原，就不再渡江回来，就像大江一样有去无回！"祖逖率兵渡过长江后驻扎在淮阴，建造熔炉冶炼兵器，又招募了两千多人继续前进。流民张平和樊雅在谯地各自聚集了几千人，自任坞堡堡主。祖逖进攻他们，一年多也没能攻克。祖逖于是诱降张平的部将谢浮，让他杀掉张平，然后进军占据太丘。樊雅还占据着谯城，抵抗祖逖。祖逖久攻不下，于是向南中郎将王含请求援兵。

桓宣当时担任王含的参军，王含派桓宣劝降樊雅，樊雅归降。祖逖进入谯城以后，石勒派遣石虎围困谯城，王含又派桓宣求援，石虎撤围而去。祖逖上表请求任命桓宣为谯国内史。

公元320年，祖逖的部将韩潜和后赵的将军桃豹分别割据陈川老城，桃豹占据西台，出入经由南门，韩潜占据东台，出入经由东门，双方相持坚守达四十天。祖逖用布袋盛土，装作盛满粮米的样子，派一千多人输运到台上。又让一些人担挑真米，在路边休息。桃豹的士兵追来，祖逖的部下丢下担子逃走。桃豹的士卒挨饿已有很长时间，得到粮米，便以为祖逖的部众生活丰饱，心中更为恐惧。后赵将领刘夜堂用一千头驴子为桃豹运来军粮，祖逖派遣韩潜和别将冯铁在汴水截击，全数劫获。桃豹因此连夜遁逃，驻屯于东燕城。祖逖让韩潜进军驻扎在封丘，威逼桃豹。冯铁占据了陈川老城的东、西二台，祖逖则镇守雍丘，经常派遣士兵截击后赵军队，后赵镇戍的士卒归降祖逖的很多，国土也日渐缩小。七月，元帝下诏授予祖逖镇西将军。

祖逖在军中，与将士们同甘共苦，严于律己，宽以待人，鼓励、督促农业生产，抚慰安置新近归附的兵民，即使是关系疏远、地位低贱的人也施恩礼遇去结交他们。黄河流域的许多坞堡，只要是此前有人质被扣留在后赵的，都听任他们同时听命于后赵和东晋，并且不时派遣流动作战的军队佯装抄掠，以表明他们并未归附自己。坞主们都感恩戴德，只要后赵有什么特殊举动，便秘密传告祖逖，因此祖逖战事常胜，俘获良多。黄河以南士民大多背叛后赵而归附东晋。祖逖训练士兵，积蓄粮食，为收复黄河以北的失地做准备。

公元321年秋，司马睿任命尚书仆射戴渊为征西将军，统管包括豫州在内的六州各项军务。豫州刺史祖逖认为戴渊是吴人，虽然有才能和名望，但没有远大的抱负和高明的见识。而且祖逖披荆斩棘，收复河南失地，戴渊却毫无军功，一下子来管辖自己，所以心中郁郁不乐。又听说朝廷内部不和，国家将有内乱，知道统一北方的大业难以成功，受到很大刺激，因此卧病不起。

九月，祖逖在雍丘去世，豫州百姓就像失去亲生父母一样悲痛，谯、梁两地的人们都为祖逖建立祠堂。晋南迁后的北伐，几乎无一不被军事将领作为扩张势力的手段，败不必论，倘有小胜，则必然是内乱的前奏。唯有闻鸡起舞的祖逖怀着收复旧土的初衷，却遭皇帝的疑忌，终不得志，忧郁而死，使人叹息。

趁兵乱刘渊建汉

自从西汉末年起，有一部分匈奴人分散居住在北方边远郡县，他们和汉族人相处久了，接受了汉族的文化。匈奴贵族认为上代多次跟汉朝和亲，是汉朝皇室的亲戚，后来就改用汉皇帝的刘姓。曹操统一北方后，把匈奴部落分为五个部，每个部都设部帅，匈奴贵族刘豹是其中一部的部帅。刘渊是刘豹的儿子，刘豹死后，刘渊继承父亲的职位，后来在西晋成都王司马颖（八王之一）部下当将军，留在邺城，专管五部匈奴军队。

晋自“八王之乱”开始，中原混战。刘渊堂祖父右贤王刘宣对他的族人说：“自从汉朝灭亡以来，我们的单于都是徒有虚名，不再拥有一寸土地。其余的王侯，地位也降到和百姓一样。现在我们部族虽然衰落，但也在两万人以上，怎么能俯首帖耳地充当役夫，这样匆匆地度过百年？左贤王英俊威武超凡绝伦，上天如果不想使匈奴兴盛，也就不会生出这个人。现在司马氏骨肉亲人互相残杀，四海动乱如同鼎中沸腾的开水，光复呼韩邪的事业，正当此时！”于是互相谋划，推举刘渊为大单于，并派他的党羽呼延攸到邺城去告知他。

刘渊向司马颖请求回乡参加葬礼，司马颖不允。刘渊让呼延攸先回去，通知刘宣等人让他们召集五部匈奴以及各小民族，声称援助司马颖，实际打算背叛他。等到王浚、东赢公司马腾起兵，刘渊对司马颖说：“现在幽、并二州的镇将猖獗，率众十多万人，恐怕不是禁卫军和附近郡县的军队可以抵御的，我请求为殿下回去召集五部匈奴人马赴救国难。”司马颖说：“五部匈奴的人马，真能够发动吗？即使能发动他们，鲜卑、乌桓也不是轻易能阻挡的。我想侍奉皇帝返回

洛阳，避开他们的锋芒，再向天下发布檄文，用正义制服邪恶的道理说服他们。您认为怎么样？”刘渊说：“殿下是武帝的儿子，又为王室建立了大功勋，威严恩德远近闻名，四海之内，有谁不愿意为殿下拼死尽力呢？有什么难以发动的？王浚是小人，东瀛公是关系疏远的皇亲，怎能与殿下比高低呢？殿下如果离开邺城宫殿，那就是向人示弱，洛阳也不能进去了，即使到了洛阳，殿下也不会再有威势权力了。希望殿下抚慰勉励部众，使他们安定镇静，我请求为殿下用两部匈奴摧毁东赢公，三部匈奴去杀王浚，高悬两个小人的头颅，指日可待。”司马颖非常高兴，任命刘渊为北单于、参丞相军事等职。公元 304 年，刘渊回到左国城。刘宣等人奉上大单于称号，二十天之内，召集了五万人，在离石县建都，封刘聪为鹿蠡王。

王浚与鲜卑、乌桓等族军队攻打邺城，司马颖离开邺城，侍奉惠帝返回洛阳。刘渊听说皇太弟司马颖离开邺城，感叹说：“不采纳我的计策，反倒自行奔逃溃散，真是奴才！但我与他有言在先，不能不救他。”遂打算发兵攻打鲜卑、乌桓。刘宣等人劝谏说：“晋朝人像奴隶一样役使我们，现在他们之间互相残杀，是上天抛弃他们而让我们光复呼韩邪的事业。鲜卑、乌桓是我们的同类，可以作为后援，怎么能攻打他们呢？”刘渊说：“好！大丈夫应当做汉高祖、魏武帝，呼韩邪哪里值得效仿呢？”刘宣等人叩头行礼说：“我们是想不到啊！”刘渊将都城迁到左国城。胡人、晋朝人归附他的更加多了。刘渊对臣下们说：“过去汉能长久地拥有天下，是因为用恩德维系百姓。我作为汉朝刘氏的外甥，相约为兄弟，哥哥亡故而弟弟继承，不也可以吗？”于是，建立国号称汉。刘宣等人请求给刘渊封一个尊号，刘渊说：“现在四方各地都没有平定，暂且按照汉高祖那样称汉王。”于是，刘渊登上汉王王位，建立了十六国时期的第一个少数民族政权。

刘渊是汉化的匈奴贵族后裔，他在西晋日趋衰败、各地流民纷纷起义反晋的浪潮中，趁势在中原建立了第一个少数民族政权。刘渊政权的建立进一步把中原推向了战争和动乱，同时改变了曹操以来匈奴五部的统治结构，重新恢复了匈奴的传统旧制。

李渊太原起兵

隋朝末年，唐朝开国皇帝李渊任太原留守。当时，隋末农民起义遍布全国。李渊自知无力镇压农民起义，又深知炀帝猜忌嗜杀，政局动乱，难于自保，便与次子李世民于公元617年起事，并从河东（今山西永济西）召回长子李建成和四子李元吉。李渊起兵后，一面遣刘文静出使突厥，请求始毕可汗派兵相助，一面招募军队，并于七月率师南下。此时瓦岗军在李密的领导下与困守洛阳的王世充激战方酣，李渊乘隙攻下长安。公元618年，李渊即位称帝，改国号为唐。

李渊本来是隋王朝的贵族，靠继承祖上的爵位当上了唐国公。公元617年，隋炀帝派他到太原去当留守，镇压农民起义，开始他也打过几场胜仗，后来看到起义军越打越强，越打越多，他也感到了危急。李渊有四个儿子。第二个儿子李世民那时候刚十八岁，是个很有胆识的青年，平时喜欢结交有才能的人。人们也觉得他慷慨好客，喜欢跟他打交道。他看准隋朝的统治长不了，心里早有了自己的打算。

李世民在刘文静的建议下，想说服父亲李渊趁乱起兵。当时，除农民起义蜂起外，太原北面的突厥也骚动不安，他们趁乱进攻马邑。李渊派兵抵抗，接连失败。李渊怕这件事让隋炀帝知道了，要追究他的责任，急得不知道该怎么办。李世民抓住这个机会，劝说李渊反隋。李渊一听，十分震惊，说："你怎么说出这种大逆不道的话来！要是我去报官，准会把你抓起来。"李世民并不害怕，说："父亲要报就去报吧，儿才不怕死呢！"李渊当然不会真的去告发，只是叮嘱他以后别说这样的话。第二天，李世民又找李渊说："父亲受皇上的委派，到这里讨伐反叛的人。可是眼看造反的人越来越多，您能讨伐得了吗？再说，皇上猜忌心很重，就算您立了功，您的处境也会更加危险。只有照我昨天说的办，才是唯一的出路。"李渊犹豫了很长时间，才长叹一口气说："昨天夜里，我思索你说的话，觉得很有道理。但我也拿不定主

意。从现在起，是家破人亡，还是能化家为国，就凭你啦！”

刘文静帮助李世民，分头招兵买马。李渊又派人把正在河东征战的两个儿子李建成和李元吉召了回来。太原的两个副留守看到李渊父子举动反常，想出来阻挠。李渊借口他们勾结突厥，把他们抓起来杀了。李渊又听从刘文静的建议，派人备了一份厚礼，到突厥可汗那里讲和，约他一起反隋。突厥可汗觉得这样做对自己大有好处，就答应帮助李渊。李渊稳住突厥，就正式起兵反隋。李渊自称大将军，派李建成和李世民分别做左右领军大都督，刘文静做司马，又把兵士都称为“义士”。他们带领三万人马离开晋阳，向长安进军。一路上继续招募人马，并且学农民起义军的做法，打开官仓发粮给贫民。这样一来，应募的百姓就越来越多了。

唐军到了霍邑（今山西霍县），遭到隋朝将军宋老生的拦击。霍邑一带道路狭隘，又正赶上接连几天大雨，唐军的军粮运输中断了。兵士中还纷纷谣传突厥兵正准备偷袭晋阳。李渊动摇起来，想撤兵回晋阳去。李世民对李渊说：“现在正是秋收季节，田野里有的是粮食，不怕缺粮！宋老生也没有什么可怕的。我们用义兵的名义号召天下，如果还没打仗就后撤，岂不叫人失望。回到晋阳，只有死路一条。”李建成也支持弟弟的主张。李渊这才改变了主意，取消了撤兵的打算。

八月的一天，刚刚放晴。唐军一早沿着山边小路，急行

军来到霍邑城边。李渊先派李建成率领几十个骑兵在城下挑战。宋老生一看唐军人少，亲自带了三万人马出城。李世民带兵居高临下从南面山头冲杀下来，把宋老生的人马冲得七零八落。宋老生急忙回头想逃回城去。但李渊的兵士已经占领了城池，把城门关得紧紧的。宋老生走投无路，被唐军杀死。唐军攻下霍邑以后，继续向西进军，在关中农民军的配合下，渡过黄河。留在长安的李渊的女儿也招募了一万多人马，号称“娘子军”，响应唐军进关。李渊集中了二十多万大军攻打长安。没过多久，李渊便攻下了长安。

李渊攻下长安以后，为了争取民心，宣布约法十二条，把隋王朝的苛刻法令一概废除，并且暂时让隋炀帝的孙子杨侑做个挂名的皇帝。公元 618 年夏，从江都传来了隋炀帝被杀的消息，李渊便把杨侑废除，自己称帝，改国号为唐。

武则天玩弄权术得后位

武则天是唐高宗李治的皇后，后称帝，是中国历史上唯一的女皇帝。武则天十四岁时，唐太宗李世民召她入宫，封为才人。太宗死后，武则天入感业寺为尼。唐高宗即位，复召入宫，拜昭仪，进号宸妃，与王皇后、萧淑妃争宠，互相谗毁。公元 655 年，唐高宗立武氏为皇后。王皇后被废不久，即与萧淑妃同被武则天害死。

公元 649 年，唐太宗李世民去世，太子李治即位为帝，是为高宗。高宗立太子妃王氏为皇后。王皇后没有儿子，萧淑妃受高宗宠幸，王皇后十分忌妒。高宗做太子的时候，入宫侍奉太宗，看见才人武氏，对她十分喜欢。太宗驾崩后，武氏跟随众嫔妃到感业寺出家为尼。高宗在太宗的忌日到感业寺上香，看见了武氏，两人相对而泣。王皇后听说后，暗中让武氏蓄发，劝说高宗纳武氏入后宫，想利用她来削减高宗对萧淑妃的宠爱。入宫后，武则天很感激王皇后的照顾。她对王皇后非常尊敬，侍奉得也很周到，这使高宗非常高兴。不久，武则天就升到了昭仪，这是正二品的级别，超过了其他八个嫔妃，是九嫔之首，在她的上面，只有皇后和四妃了。

武则天进宫之后，高宗只宠爱她一人。武则天前后生了四男二女，而高宗总共才有十二个子女。后边的六个都是武则天生的，可见武则天的受宠程度是其他嫔妃无法相比的，这连主张让她进宫的王皇后也没有料到。武则天的性格决定了她不甘于居人之下，她的目标是当皇后。等她的地位稳固之后，便开始有心机地谋划了。她在后宫想方设法笼络太监、宫女，特别是与皇后、萧淑妃关系不好的人，她总要设法接近拉拢，给予一些小恩小惠，让他们注意监视皇后和萧淑妃的行为。第一步，武则天联合王皇后打击萧淑妃，等高宗把萧淑妃废成庶人后，武则天便开始对皇后下手了。

武则天生下的第二胎是个女孩儿，非常可爱，王皇后也

很喜欢，经常去看望，等高宗快来的时候便知趣地先走了。武则天为了皇后之位，利用这种机会对亲生女儿下了毒手。武则天等皇后刚走，便将女儿掐死，然后盖好被子，伪装好。高宗来了，假装笑脸相迎。等再看到女儿时，武则天悲伤恸哭。高宗听说刚才王皇后来过时，不由大怒，也因王皇后一直没有生育，所以高宗便下决心要废掉她。

在封建社会，皇后的废与立都是国家大事，必须由大臣们共同商议。高宗废后的阻力主要来自国舅长孙无忌和宰相褚遂良。朝廷的大臣们分成了两派，除了长孙无忌和褚遂良等人以外，李义府、许敬宗等人为了在高宗和武则天面前争功邀宠，就站到了长孙无忌的对立面，支持武则天做皇后。高宗把长孙无忌等反对的人召到一起，商量皇后的废立问题。武则天坐在帘子后面监听。长孙无忌极力反对，为王皇后辩解，说她出身高贵，忠厚贤惠，没有什么大过失，不该废皇后之位。而武则天却出身贫寒，还曾经侍奉过先帝太宗，再立为皇后违背了礼制。褚遂良也在一旁反对，而且还磕头磕得流血，一气之下提出辞官回家。武则天见了，怒火顿生，大声喊道："怎么不把这种臣僚乱棍打死！"其他人见状，赶忙替褚遂良求情，才得以保住性命，但褚遂良终被贬官，去了潭州（今湖南长沙）任都督。后来，还是开国功臣李勣给高宗出了个主意，他说皇后的废立是皇上的家务事，没有必要和大臣们商量。同时，李义府和许敬宗等人也在朝廷

大臣们中间大造舆论，支持武则天。终于，公元654年，高宗正式下诏书废王皇后、萧淑妃为庶人，六天后，即十月十三日，正式立武则天为皇后。

原皇后王氏和原淑妃萧氏，一起被囚禁在别院。高宗挂念她们，私下去看她们，看到屋子封闭得很严密，只留墙上的小洞送食物。高宗十分感伤，大喊说："皇后、淑妃在哪里？"王氏哭泣着回答说："我们犯下罪过，已经是奴婢，哪里还有尊称！"又说："皇上如果挂念从前的情分，让我们重见天日，请将这个院子赐名为回心院。"高宗说："朕会安排的。"武后听说后，大怒，派人把王氏和萧氏各杖打一百，砍去手足，扔到酒坛子里，说："让这两个人连骨头都醉掉！"后将二人斩首。王氏听到宣布命令的时候，拜了两拜说："祝皇帝万岁！武昭仪承受皇恩，死是我的本分。"萧淑妃大骂说："阿武邪恶狡猾，竟至如此！愿来生为猫，阿武为鼠，活生生地扼住她的喉咙。"从此宫中便不养猫。过了不久，又改王氏姓蟒氏，萧氏姓枭氏。武后多次看见王氏和萧氏的鬼魂作祟，披散头发，浑身滴血，和死的时候一样。后来移居蓬莱宫，还是能看见。所以她经常住在洛阳，不回长安。

杨贵妃受宠终丧命

武惠妃死后，唐玄宗一直郁郁寡欢。后来，他听说其子

李瑁的妃子杨玉环艳丽无比，就设法把她接到宫中，册为贵妃，对她恩宠有加，杨家的姐妹兄弟也都因此封官受爵。公元755年，重臣安禄山以反杨国忠为名起兵叛乱，兵锋直指长安。次年，唐玄宗带着杨贵妃与杨国忠逃往蜀中，途经马嵬驿时，将士一致要求处死杨贵妃和杨国忠。唐玄宗言国忠当诛，然贵妃无罪，本欲赦免杨玉环，无奈六军皆认为贵妃乃祸国红颜，安史之乱乃因贵妃而起，不诛之难慰军心，难振士气。不得已，唐玄宗为了国家社稷，赐死杨贵妃。

杨妃体态丰满，容貌娇艳，通晓音律，生性机警，善于逢迎玄宗的心意。不到一年，所得宠爱就如武惠妃一样，宫中都称她为“娘子”，对待她的礼仪与皇后相同。

公元745年秋，玄宗册封杨太真为贵妃，赐她父兄很高的官职。杨贵妃的三个姐姐，也都在京师赐予宅第，待遇非常高。民间有歌谣传唱：“生男勿喜女勿悲，君今看女作门楣。”杨贵妃深受玄宗的宠爱，每次骑马，高力士都为她拿马鞭牵辔头，专门为杨贵妃织绣衣服的工匠有七百人，朝廷内外争着进献器物、衣服和珍宝。岭南经略使张九章与广陵长史王翼因为进献的物品精美，张九章加封三品，王翼入朝任户部侍郎，天下人都纷纷效仿。杨贵妃喜欢吃新鲜荔枝，玄宗就命令岭南每年都用驿马飞奔送来，到了长安，荔枝颜色味道都还没有变。

公元746年，杨贵妃因为嫉妒泼悍，对玄宗无礼，玄宗

非常恼怒，就下令把她送回她哥哥家里。结果，玄宗一整天都很不高兴，到了中午还不吃饭，左右侍从总是不合心意，屡屡被鞭挞惩打。高力士想试探玄宗的心意，就请求把贵妃院中储备的器物送给贵妃，总共装了一百多车，玄宗又把自己吃的食物赐给贵妃。到了晚上，高力士跪下上奏，请求迎接贵妃回来，于是打开宫门让贵妃入宫。从此杨贵妃所受的宠爱更深，后宫没有人能比得上。公元750年，杨贵妃又违背了玄宗的心意，被送回杨家。户部郎中吉温让宦官对玄宗说："妇道人家见识短浅，违背圣上的心意，陛下何必吝惜宫中一席之地，不让她死在宫里，而忍心让她在宫外受辱呢？"玄宗也后悔了，就派宦官把自己吃的食物赐给贵妃。杨贵妃哭着对宦官说："我罪该万死，陛下不杀我，让我回家。现在要永远离开宫闱，金玉珍宝玩物，都是陛下赏赐的，不值得献给陛下。只有头发是父母给我的，献给陛下，表达我的真诚。"于是，剪下一束头发献给玄宗。玄宗立刻派高力士把她接回宫中，从此更加宠爱她。

公元756年夏，潼关失守，通往京师长安的门户被打开。玄宗得知后，惊慌失措，与杨贵妃等逃往蜀中。六月十四日，到达马嵬驿，将士们饥饿疲劳，都很愤怒。陈玄礼认为灾祸是由杨国忠造成的，想杀了他，于是让东宫宦官李辅国告诉太子李亨，太子犹豫不决。恰好有吐蕃的二十几名使者拦住杨国忠的马，对他抱怨没有吃的。杨国忠还没来得及

回答，士兵们都大声喊道："杨国忠与胡人谋反！"有人用箭射他，射中了马鞍。杨国忠逃到马嵬驿西门里，士兵追上他，把他杀了，将尸体肢解，把首级挂在矛上，悬在西门外示众。又杀了他的儿子户部侍郎杨暄与韩国夫人、秦国夫人。御史大夫魏方进说："你们怎么敢杀宰相？"士兵们把他也杀了。韦见素听到外面混乱，跑出去看，被乱兵捶打，头破血流。有人喊："不要伤了韦相公。"才把他救下，免去一死。

士兵们又包围驿站。玄宗听到喧哗声，问外面出了什么事，左右侍从回答说杨国忠谋反。玄宗走出驿门，慰劳士兵，让他们撤走，士兵们不听。玄宗让高力士问他们，陈玄礼回答说："杨国忠谋反，杨贵妃不应当再侍奉陛下，希望陛下割爱，把贵妃正法。"玄宗说："我自会处理。"旋即走入驿门，拄着拐杖，低着头站在那里。过了很久，京兆司录参军韦谔上前说："现在众怒难犯，安危在顷刻之间，希望陛下赶快决断！"于是跪下叩头，血流满面。玄宗说："杨贵妃一直住在禁宫里，怎么知道杨国忠谋反呢？"高力士说："贵妃确实无罪，但将士们已经杀了杨国忠，杨贵妃还在陛下左右侍奉，他们怎么能安心？希望陛下慎重考虑，将士们安心，则陛下安全。"于是，玄宗命令高力士把杨贵妃带到佛堂里，用绳子把她勒死，把尸体抬到驿站的庭院里，叫陈玄礼等人进来察看。陈玄礼等人脱下铠甲，叩头谢罪。

知己难求

只有频率相同的人，才能看见彼此内心深处的优雅。同频共振的人少之又少，我们要珍惜知己的相伴，“海内存知己，天涯若比邻”。

豫让漆身吞炭酬知己

豫让是晋卿智瑶的家臣。公元前453年，赵、韩、魏共灭智氏。豫让用漆涂身，吞炭致哑，暗伏桥下，谋刺赵襄子未遂，后为赵襄子所捕。临死时，求得赵襄子衣服，拔剑击斩其衣，以示为主复仇，然后拔剑自杀。

春秋后期，有个叫豫让的人，在晋国的大夫范氏和中行氏那里做家臣，由于得不到主人的赏识，又转投到另一个大夫智伯的门下。智伯非常高兴，尊豫让为上宾，宾主朝夕相处，竟亲如手足。凡遇有要事，智伯皆请教豫让，与之商讨，豫让十分感激智伯的知遇之恩。

韩、赵、魏打败智氏，瓜分了智伯的土地。赵襄子杀了智伯，仍不解心头之恨，又把智伯的颅骨用漆漆好，做成饮酒用的酒器。豫让一心想为主公报仇。不久，豫让听说赵襄子正大兴土木，修建宫殿，于是他身藏匕首，改名换姓，装扮成被判刑而服苦役的囚犯，混入赵襄子内宫中去修建厕所，准备刺杀赵襄子。一日，赵襄子到厕所内方便，见有生人，便警觉起来，令手下抓住了豫让。赵襄子左右的人极为愤怒，纷纷拔剑扬刀要杀掉豫让，赵襄子说道："豫让乃义士，我只需小心避开就是了。智伯已死，没有后代，家臣要替他报仇，这是忠烈之举。"于是，就把豫让放了。

豫让并不感激赵襄子的不杀之情，相反更加坚定刺杀赵襄子为智伯报仇的决心。过了一段时间，豫让把漆涂抹在脸上身上，使人看上去像是患有严重的皮肤病，又吞下炭去，使声音变得嘶哑。他沿街乞讨，他的妻子迎面走过，也没认出他来。一位最知心的朋友认出了他，流着眼泪对他说："以你的才干，去给赵襄子办事，一定会得到他的尊宠和信任，那时你要报仇还不容易吗？何苦一定要把自己作践成这副模样！"豫让说："在人手下为臣，心里却想着杀他，这是怀二心以服侍其君。我之所以要漆身吞炭，就是要让天下以及后世怀二心服侍其君的人感到羞愧！"

豫让躲在赵襄子必定要经过的一座桥下。赵襄子来到桥头，马忽然受惊。赵襄子说："这一定是豫让！"左右立即

把躲在桥下的豫让揪了出来。赵襄子见豫让这副模样，不禁叹息流泪道："豫让，您为智伯已经成就了美名，而寡人饶恕过您一次，也已足够了，寡人不再放您走了。"赵襄子手下立即将豫让围了起来。豫让要求赵襄子脱下衣服，让他用剑砍衣，以表示已经为智伯报仇。赵襄子答应了。豫让达到目的后拔剑自杀。

豫让行刺赵襄子，舍生忘死，备尝艰辛，虽未成功，却用生命报答了智伯的知遇之恩。他为知己献身的精神令人敬佩。他为智伯报仇，是因为智伯重视他，尊重他，给了他尊严。他是一个未能成功的刺客，但这个失败的过程却成就了他的人格，使他虽死犹生，虽败犹荣。

信陵君窃符救赵

公元前 260 年，秦、赵长平之战中，秦将白起大破赵军。第二年，秦军进攻邯郸。赵国如果灭亡，接下去就会轮到魏国，魏国不救赵，无疑是加速自己的灭亡；魏若救赵，也就是挽救自己的危亡。但在秦国强大兵力的威胁下，魏王表面上派大将晋鄙率领十万兵马救赵，实际上是"持两端以观望"。信陵君为了保全自己的国家，尽一切努力抗秦救赵。

信陵君，名魏无忌，战国时代魏国人，是魏昭王的儿子。公子无忌仁厚待人，礼贤下士，其门下招纳的食客有三千人。魏国有位隐士叫作侯嬴，已经七十岁，是魏都的一个

守门官吏。一天，无忌摆下酒席大宴宾客，宾客们入座之后，公子驾车空出左边的位置亲自去迎接侯嬴，侯嬴毫不推让地坐在左边的位置上，公子手拉着御马的缰绳，态度十分恭敬。侯嬴对公子说："我有一位友人在市里屠户中，希望您能绕道让我去拜访他。"公子便驾车进入市中。侯嬴下车去见他的朋友朱亥，故意同他的朋友谈了很久，而公子的态度更加和蔼。侯嬴辞谢友人上了车，到了公子的家宅。公子引侯嬴坐在上席，向所有宾客介绍侯嬴，宾客们都很惊奇。

不久，秦国围攻赵国邯郸，赵国平原君的夫人是魏公子无忌的姐姐，平原君派出去求救的使者接连不断地先后到了魏国。平原君要使者责备公子无忌说："我赵胜所以与你结成姻亲，是因为公子你道义高，能够为别人排忧解难啊！现在邯郸很快就要投降秦国了，而魏国的救兵却迟迟不来。即使公子你对我赵胜嫌弃不顾，难道也不怜悯你的姐姐吗？"

公子很忧虑，屡次请求魏王令晋鄙率兵援救赵国，他派宾客辩士百般劝说，但魏王就是不答应。公子无忌于是集合宾客配备车骑一百多乘，想开赴赵国前线搏斗而死。车骑经过夷门时，公子去见侯嬴。侯嬴说："你们这样上赵国去打秦兵，就像把一块肥肉扔到饿虎嘴边，不是白白去送死吗？"信陵君叹息着说："我也知道没有什么用处，可是又有什么办法呢？"侯嬴说："听说兵符藏在大王的卧室里，只有如姬能把它拿到手。当初如姬的父亲被人害死，她请求大王给她寻

找那个仇人，找了三年都没有找到。后来还是公子叫门客找到那仇人，替如姬报了仇。如姬为了这件事非常感激公子。如果公子请如姬把兵符盗出来，如姬一定会答应。公子拿到了兵符，去接管晋鄙的兵权，就能带兵和秦国作战。这比空手去送死不是强得多吗？”公子照侯嬴说的那样做，果然得到了兵符。

公子就要出发了，侯嬴说：“将军在外地，君王的命令有的可以不接受。假使晋鄙合了兵符而不给你兵众，他再请示魏王，那么事态就危险了。我的朋友朱亥是位大力士，可以与你一同去。晋鄙如果答应调兵，那最好；如果不答应调兵，你就让朱亥击杀晋鄙！”于是，公子请朱亥一同前去。到了邺县，晋鄙合了兵符，怀疑这事，举起手对着公子说：“我拥有十万的兵众驻屯在魏国边境上，而现在你只单骑独车来代替我，这是怎么回事？”朱亥见此，抖出袖藏四十斤的铁锥，奋力击杀了晋鄙。公子集合兵众，下令全军说：“父子两人都在军中的，父亲回家去；兄弟两人都在军中的，兄长回家去；独生子没有兄弟的，回去供养父母。”经过选拔后得到精壮兵众八万人，公子带领这些军队向邯郸前进。魏公子无忌的军队在邯郸城下大败秦军，解除了秦军对邯郸的包围。秦将郑安平被赵军围困，率领两万人投降赵国。公子无忌援救并保全了赵国以后，不敢再回魏国，便与宾客们留在赵国居住，并派遣将领率领魏国的军队回到魏国。赵王

留在赵国居住，并派遣将领率领魏国的军队回到魏国。赵王同平原君商议后，把五座城邑封给公子无忌。

信陵君不顾个人安危救赵国于危难之中，体现了他急人之困的义勇。魏王畏秦而不敢出兵救赵，信陵君则“欲以客往赴秦军”，就算是自不量力，他的精神也令人赞叹不已，况且他还有那些真正愿意也能够帮助他的贤士们。作为流传千古的历史人物，信陵君是成功的，而他的成功无不来自平时的积累，礼贤下士的谦逊作风是他成功的基础。

蔺相如对敌如虎，对友如羊

战国时赵国大夫蔺相如是位难得的人才，“完璧归赵”和“渑池之会”两次交锋，奠定了蔺相如在赵国的地位，官职比攻城野战、声名显赫的廉颇还高。廉颇不服，百般羞辱，而蔺相如却一退再退，极尽忍让。廉颇听闻蔺相如忍让之因，负荆请罪，二人遂成刎颈之交，这就是“将相和”的故事。蔺相如深明大义，顾全大局，感动了廉颇，名传天下。

赵王得到楚国宝玉和氏璧，秦昭王想要，说愿意用十五座城池来交换。赵王不想给他，但畏惧秦国的强大；给他，又怕被秦王欺骗。赵王便征求蔺相如的意见。蔺相如回答说：“秦国用城来换宝玉而大王不许可，是我们理屈。而我们给他宝玉，他不给我们城池，是秦国理屈。衡量两种方案，我看宁可让秦国在道义上有负于我们。我愿意持宝玉前去，假如秦国不交出城来，我一定将宝玉完好地带回赵国。”赵王便派他前往。蔺相如到了秦国，看出秦王并无诚意拿城池来换赵国的宝玉，便哄骗秦王，取回和氏璧，派随从藏在怀中，从小道返回赵国，而他自己则留在秦国听候秦王的处罚。秦王无奈，只好称赞蔺相如的贤能，不但不杀他，反而以礼相待，送他回国。蔺相如回到赵国，赵王便封他为上大夫。蔺相如在赵国危难之时，群臣无策之际挺身而出，面对强大的敌人毫无惧色，由被动变主动，与秦王进行了针锋相对的斗争，从中可以看出他机智勇敢、做事果断、不畏强暴的性格。

后来，秦王派使者通知赵王，愿意在黄河边的渑池友好相会。赵王不想赴会，廉颇、蔺相如建议说：“大王若是不去，就显得赵国懦弱而又胆怯。”赵王于是决定前往，由蔺相如随行。廉颇送到边境，与赵王告别时说：“大王此行，算上路上的时间到会谈仪式全部结束，估计不超过三十天就会回来。如果超过三十天您还没有回来，请允许我们立太子为王，以断绝秦国的念头。”赵王同意。渑池相会，秦王与赵王饮酒。酒兴之间，秦王请赵王表演鼓瑟，赵王欣然演奏。蔺相如也请秦王敲击瓦盆来助兴，秦王却不肯。蔺相如厉声说道：“在五步之内，请让我刎颈以血溅大王！”秦王左右侍从想上前杀死蔺相如，蔺相如怒目呵斥，左右侍从都

不敢行动。秦王只好极不情愿地敲了一下瓦盆。直到酒宴结束，秦国始终不能对赵国提出非分要求，再加上赵国也早有大军戒备，秦国始终不敢轻举妄动。

秦、赵渑池相会以后，赵王回到赵国，因为蔺相如功劳大，任命他为上卿，地位在廉颇之上。廉颇很不服气，说道："我作为赵国的大将，有攻城野战的大功，蔺相如只不过是耍嘴皮子的功劳，地位反而比我高。我感到耻辱，不甘心处在他下面。"并扬言道："我要碰见蔺相如，一定要好好羞辱他一番。"蔺相如听到这话以后，不愿与廉颇会面。蔺相如每次上朝的时候，常常说自己有病，不愿与廉颇争位次的先后。蔺相如的门客下属都感到十分耻辱。蔺相如对他们说："诸位认为廉将军与秦王相比，哪一个厉害？"家臣们回答说："不及秦王。"蔺相如接着说："像秦王那样威严，也听凭我在朝堂上大声呵斥，侮辱他的大臣们，我即使愚笨无能，难道会害怕廉将军吗？但我考虑到，强大的秦国之所以不敢侵犯赵国，只不过因为我们二人在赵国的缘故。现在两虎相斗，势必不能共存。我之所以这样做，是把国家危难放在首位，而把私人的仇怨放在后面。"家臣听罢，都非常钦佩。廉颇听到这番话，十分惭愧，便赤裸着上身绑上荆条到蔺相如府上去请罪，两人从此结为生死之交。

马援蒙冤，朱勃鸣不平

马援一生可谓光辉灿烂，人称“谋如泉涌，势如转轨”“兵动有功，师进辄克”，更有“男儿当死于边野，以马革裹尸还葬耳，何能卧床在儿女手中邪”这样的豪言壮语，让后世英雄为之激奋不已。然而，这样一位大英雄死后却受小人谗毁，妻子不敢以丧还旧茔，草草埋在城西。

马援，东汉著名军事家。公元49年，伏波将军马援征伐武陵蛮人，大军到达下隽。有两路可入蛮界：一是从壶头，这条路近而水势深险；一是从充县，是平路，但运输线太长。中郎将耿舒力主走充县，马援却认为那样会消耗时日和军粮，应当进军壶头，扼住蛮人咽喉。两种意见上报朝廷，光武帝批准了马援的战略，于是汉军进兵壶头。蛮贼登高，把守险要，水流湍急，汉军舰船不能上行。适逢酷暑，很多士兵患瘟疫而死，马援也被传染，于是在河岸凿窟栖身以避暑热。每当蛮贼爬到高处擂鼓呐喊，马援便蹒跚跛行着察看敌情，左右随从无不为他的行为感动。耿舒在给他哥哥耿弇的信中写道：“当初我曾上书建议先打充县，尽管粮草运输困难，但兵马前进无阻，大军数万，人人奋勇争先。而如今竟在壶头滞留，官兵忧愁抑郁，行将病死，实在令人痛惜！马援所到之处，处处停留，这就是失利的原因。现在遇到了瘟疫，完全同我预言的一样。”耿弇收到信后上奏朝廷，于是光武帝派梁松乘驿车前去责问马援，并以他代理监军事务。

正当此时，马援去世，梁松乘机诬陷马援。光武帝大怒，下令收回马援的印信。当初，马援在交趾时经常服食薏苡仁，因为此物可使身体轻健，抵御瘴气。班师时，曾载回了一车。等到马援死后，却有人上书诬告他当初用车载的全是上好的珍珠和犀角。于是，光武帝越发愤怒。马援的妻子儿女又慌又怕，不敢将马援的棺柩运回祖坟，便草草葬在城西。他门下的宾客旧友，没有人来祭吊。马援的儿子和妻子把自己用草绳捆绑起来，连在一起，到皇宫门口请罪。

前任云阳县令、扶风人朱勃前往皇宫门阙上书说："我看见已故的伏波将军马援，从西州崛起，钦敬仰慕皇上圣明仁义，历经艰险，万死一生，在陇、冀两地征战。他用兵战无不胜，出师攻无不克。剿伐先零时，飞箭曾射穿他的小腿；出征交趾时，以为此行必死，曾与妻儿诀别。军官士兵虽然遭受瘟疫，而马援也没有独自生还。战争有以持久而取胜的，也有因速战而败亡的；深入敌境未必就正确，不深入也未必为不对。论人之常情，难道有乐意久驻危险之地不生还的吗？马援为朝廷效力二十二年，在北方出塞到大漠，在南方渡江漂于海。他触冒瘟疫，死在军中，名声被毁，失去爵位，封国失传。天下不知他所犯的过错，百姓不知对他的指控。他的家属紧闭门户，遗体不能归葬祖坟。对

马援的怨恨和嫌隙一时并起，马氏家族震恐战栗。已死的人，不能自己剖白；活着的人，不能为他申辩，我为此感到痛心！圣明的君王重于奖赏，轻于刑罚。请将马援一案交付公卿议论，评判他的功罪，决定是否恢复爵位，以满足天下人的愿望。”光武帝之怒稍有消解。

起初，朱勃十二岁时就能背诵《诗经》《尚书》，经常拜望马援之兄马况，言辞温文尔雅。当时马援才开始读书，看到朱勃，自愧不如，若有所失。马况觉察到马援的心情，就亲自斟酒安慰他说：“朱勃是小器，早成，聪明才智仅此而已，他最终将从学于你，不要怕他。”朱勃还不到十二岁，右扶风便试用他代理渭城县宰。而等到马援做了将军并封侯的时候，朱勃的官位还不过是个县令。马援后来虽然身居显贵，仍然常常以旧恩照顾朱勃，但又轻视和怠慢他，而朱勃本人的态度却愈发亲近。及至马援受到诬陷，唯有朱勃能够为其辩说。

我们交友，一定要交像朱勃这样的人，虽清淡如水，却能在关键时候挺身而出，而千万不要交像梁松这样的人。总之，交友要交益友，远离损友。

文武失和魏延屈死

魏延是蜀汉名将，他跟随刘备入川后表现突出，得到刘备器重，屡次被委以重任。诸葛亮北伐期间，魏延作为诸葛亮的左膀右臂，为蜀汉立下了汗马功劳。魏延为人孤高，善养兵卒，勇猛过人，但是和蜀汉重臣杨仪不和。诸葛亮死后，魏延率军欲杀杨仪，反被杨仪派马岱杀死，后魏延一门被诛灭三族。

丞相府主簿杨仪为人干练机敏，诸葛亮每次出兵，杨仪常常规划调遣各个机构，预算粮草，用不着怎么思索，一会儿就能安排妥当。军马的节制调度，都依靠杨仪办理。魏延性格骄矜高傲，当时大家都避而让之，只有杨仪对他不加忍让。魏延认为他十分可恨，二人如同水火互不相容。诸葛亮非常爱惜二人之才，不想因为偏袒一方而使另一方遭到埋没。有一次费祎出使到吴国，吴王酒醉，问费祎说："杨仪、魏延是像牧童一样的小人，虽然曾经以鸡鸣狗盗的本事有益于时务，但是既已任用他二人，不能轻视。一旦诸葛亮不在了，必定发生祸乱，你们不知道对此要用心防备，难道这就是所谓谋及子孙吗?"费祎答道："杨仪、魏延的不和是起因于私忿，并没有英布、韩信的叛逆之心。如今正在扫除强敌，统一华夏之际，功劳依靠人才来成就，业绩需要人才来扩展，如果舍弃他们而不任用，防备他们造成后患，就如同防备发生风波反倒弃舟楫一样，不是最好的办法。"

诸葛亮病危之时，与杨仪和司马费祎等安排死后退军的调度，命令魏延断后阻击追敌；如果魏延不服从命令，军队便自行出发。诸葛亮去世，杨仪秘不发丧，让费祎去魏延处

揣度他的意向。魏延说：“丞相虽然去世，还有我在。相府亲信和官属便可将遗体送还归葬，我当亲自统率各路大军攻击贼军，怎么能因一人死去而废弃天下的大事呢？何况我魏延是何等人，就应当被杨仪约束，做断后的将军吗？”他就私自和费祎共同做出撤退和留下的安排，让费祎亲笔写信连同自己签名，传告下面的将领。费祎欺骗魏延说：“我当为您回去向杨仪解释，杨仪是个文官，很少经历军事，一定不会违抗。”费祎出来，策马奔驰而去。魏延旋即后悔，但已追不到费祎了。

魏延派人窥探到杨仪等人打算按照诸葛亮既定的计划，各军营依次带领部队撤还。魏延勃然大怒，抢在杨仪没有发兵之前率领所属部队径先南归，所过之处烧绝栈道。魏延、杨仪各自上表说对方叛逆，一天之内，羽书一并送到都城。汉后主以此事询问侍中董允、留府长史蒋琬，董允、蒋琬都担保杨仪而怀疑魏延。杨仪等人命令砍伐山林打通道路，日夜兼程行进，紧随在魏延之后。魏延先到，占据南谷口派兵迎击杨仪等人，杨仪等命将军何平在前面抵御魏延。何平叱责先登上南谷口的士兵说：“诸葛公死，尸骨未寒，你们怎敢如此！”魏延的部众知道魏延理亏，不愿为他卖命，都四散逃走。魏延独自和他的儿子几个人逃奔汉中，杨仪派遣将领马岱追杀他们，最终诛灭了魏延三族。

一直以来，魏延是一位身上承载着太多争议的名将，尤

其是他的人品，在千年后充满了无数的争议。魏延个性强，优点和缺点都很明显。但综合来看，他耿介直率，不谙世故，恃才傲物，言行无忌，因此为世人所不容。最初，魏延想杀杨仪等人，希望舆论让自己代替诸葛亮辅政，确实没有叛逆之心。笔者认为，魏延者，军事奇才也，只是被诸葛亮压抑得太久，以致难以“功盖三分国”。倘刘备有寿，又或诸葛亮能善用之，本可成为蜀国柱石之臣，然而终成悲剧人物，实在可惜！

陆机冤死念华亭

公元303年，邺城发生了一起惨祸，成都王司马颖无情地残害了求仕中原的南人代表陆机、陆云、陆耽兄弟，同时遇害的还有陆机之子陆蔚、陆夏等，南士孙拯等也受牵连而死，汉晋之际江东大族陆氏因此遭受了沉重的打击。

陆机、陆云兄弟，是西晋著名的文学家，人称“二陆”。公元303年，大将军、成都王司马颖与河间王司马颙一起讨伐太尉、长沙王司马乂。司马颖率领军队在朝歌驻扎，任命平原内史陆机为前将军、前锋都督，统领中郎将王粹、冠军将军牵秀、中护军石超等人的军队共二十多万，向南进军，进逼洛阳。陆机本来在司马颖门下当幕僚，这次一下位居众将领之上，让王粹等人心里十分不满。十月初九日，司马乂与陆机在建春门展开激战，最后陆机的军队惨败。

当初，宦官孟玖很受大将军司马颖的宠爱，孟玖想让他父亲做邯郸的县令，左长史卢志等人都不敢反对，只有右司马陆云坚决不同意，他说：“邯郸的县令，历来都是由公府掾属资格的人担任，怎么能让宦官的父亲做呢?”孟玖因此十分怨恨陆云。孟玖的弟弟孟超是统领万余人的小督，战斗还未开始，就放纵他的部下到处抢掠。陆机拘捕了带头的人，孟超带了一百多全副武装的骑兵一直冲到陆机麾下，夺走犯人，并对陆机说：“狗奴才，你会做都督吗?”陆机的司马孙拯劝陆机杀掉他，陆机没有听从。孟超向大家扬言说：“陆机想要叛变。”又写信给孟玖，说陆机有叛变之心，所以军队不能迅速取胜。战斗开始后，孟超不听陆机的指挥，自己轻率地领兵深入，结果大败，全军覆没。孟玖怀疑是陆机杀了孟超，就对司马颖进谗言说：“陆机怀有二心，与长沙王勾结。”牵秀一向奉承孟玖，将军王阐、赤卜昌、帐下督公师藩等人也都是由孟玖引荐而被任用的，这些人一起证实孟玖的话是真的。司马颖大怒，派牵秀带兵去拘捕陆机。陆机听说牵秀到了，就脱下军服，戴着便帽，与牵秀相见，又给司马颖写信辞别。然后叹道：“故乡华亭的鹤鸣声，还能再听到吗?”于是，牵秀就把他杀了。司马颖又拘捕了陆机的弟弟清河内史陆云、平东祭酒陆耽以及孙拯，把他们都关进了监狱。

记室江统、陈留人蔡克、颍川人枣篙等人共同上书，认为："陆机因计谋不周密而导致失败，可以处死。至于说他反叛，众人都知道是不可能的。应该先审查陆机谋反的情况，如能证实，再杀陆云等人也不迟。"江统等人不停地恳求，司马颖犹豫了三天。蔡克进入王府，到司马颖面前，叩头叩到流血，说："孟玖怨恨陆云，是远近都知道的。现在如果陆云真的被杀，我为您感到惋惜！"跟随蔡克进去的几十个手下，也都流着泪请求。司马颖很伤心，神色中颇有宽恕的意思。但是，孟玖屡进谗言，催司马颖下令杀掉陆云、陆耽，诛灭陆机三族。狱吏拷打孙拯数百下，打得两脚的踝骨都露出来了，但孙拯始终说陆机是冤枉的。狱吏知道孙拯正直刚烈，就对孙拯说："二陆的冤枉谁不知道呢？难道你就不爱惜自己吗？"孙拯仰天长叹，说："陆机两兄弟，是天下无双的名士，我承蒙他们知遇和厚爱，现在即使不能相救，又怎么忍心再诬陷陆云呢？"孟玖等人知道不能使孙拯屈服，就命令狱吏伪造孙拯的供词。司马颖杀了陆机后，心里常常感到后悔，等看见孙拯的供词后，非常高兴，对孟玖等人说："要不是你的忠诚，就不能够查清反叛的情况。"于是，诛灭了孙拯三族。

"二陆"之死是由于成都王司马颖幕中南北人士的地域矛盾及士人与奸佞之争交互影响的结果。作为南人，他们素受歧视，顿居北人之上，必然成为众矢之的。作为正派的士人，他们必然要与佞小斗争，并取得了一些北方士人的同情和支持。但他们毕竟与北方世族没有诸多方面的关联，势单力薄，唯一的支撑便是来自司马颖的信任。因此，一旦孟玖等人诬陷他们不尽忠于主，失去司马颖的信任后，他们的悲剧便难以避免了。

伯仁因我而死

“我不杀伯仁，伯仁因我而死”，这句话是东晋晋元帝时期的王导的名言。王导时任司空，而周伯仁时任尚书，姓周名顗，字伯仁。

大将军王敦起兵反叛以后，其堂弟丞相王导带领堂弟中领军王邃、左卫将军王廙、侍中王侃、王彬以及各宗族子弟二十多人，每天清晨到上朝的地方等候定罪。周顗将要入朝，王导呼唤他说：“伯仁，我把王氏宗族一百多人的性命托付给您了！”周顗连头也不回，直入朝堂。等到见了元帝，周顗阐说王导忠贞不二，极力为他辩白，元帝听从了他的意见。周顗心中欢喜，以至喝醉了酒。周顗走出宫门，王导还在门外等候，又呼唤周顗，周顗不与他交谈，环顾左右说：“今年杀掉一干乱臣贼子后，能得到斗大的金印，系挂在臂肘之后。”出来以后，又奏上表章，辨明王导无罪，言辞十分妥帖、有力。王导不知道这些事，因而对周顗深为怨恨。

公元 322 年，王敦攻克建康，司马睿命令公卿百官前去

拜见。王敦对周顗说："伯仁，你对不起我。"周顗说："你凭借武力行忤逆之事，我亲自统率六军，结果没有成功，让君王的军队溃败，这就是我对不起你的地方。"王敦的参军吕猗曾经做过台郎，为人奸诈谄谀。戴渊担任尚书，非常讨厌他。吕猗劝王敦说："周顗、戴渊的名望都很高，足以蛊惑众人，近来他们的言谈又毫无愧意，您现在不除去他们，将来恐怕还会再有需要举兵的时候。"王敦素来忌惮他们二人的才能，心里觉得吕猗说得很有道理，于是不动声色地问王导说："周顗、戴渊是南北方人们共同仰望的，让他们担任三公，大概是没有问题的。"王导没有回答。王敦又说："如果不让他们担任三公，难道只让他们担任县令或仆射吗?"王导又不回答。王敦说："如果不这样，就只能杀了他们!"王导还是没有回答。王敦于是派部将逮捕了周顗和戴渊。周顗被捕，经过太庙的时候，大声说："贼臣王敦，颠覆社稷，乱杀忠臣，神灵有知，就当赶快杀掉他!"捕卒用铁戟刺伤周顗的嘴，鲜血一直流到脚后跟，但他容颜举止泰然自若，旁观的人都哭泣流泪。周顗和戴渊都在石头城南门外被杀。

元帝派侍中王彬犒劳王敦，王彬素来与周顗交好，先去哭吊周顗，然后去见王敦。王敦见他容颜凄惨，心中奇怪，便加以询问。王彬说："我刚才去哭吊周伯仁，情不自禁。"王敦发怒说："周伯仁自找刑戮，再说他把你当作一般人看待，你为什么悲伤并去哭吊他？”王彬说：“周伯仁是长者，也是兄长你的亲友。他在朝时虽算不上正直，也并不结党营私，却在大赦天下后遭受极刑，我因此悲痛惋惜。”尔后勃然发怒，数落王敦说：“兄长违抗君命，有违顺德，杀戮忠良，图谋不轨，灾祸将要降临到门户了！”言辞情感激扬慷慨，声泪俱下。王敦大怒，厉声说：“你狂妄悖乱以至于此！以为我不敢杀你吗？”当时王导在座，为王彬担心，劝王彬起来谢罪。王彬说：“我脚痛不能跪拜，再说这又有什么可谢罪的！”王敦说：“脚痛与颈痛比起来怎样？”王彬毫无惧色，最终不肯下拜。王导后来清理中书省的旧有档案，才见到周顗救护自己的上表，王导流着泪说：“我虽没杀伯仁，伯仁却因我而死，我有负于这样的好友！”

慕容垂避祸投前秦

慕容垂是十六国时期后燕的创建者，前燕主慕容皝的第五子。在公元 344 年击溃鲜卑宇文部和公元 350 年攻克后赵蓟城的战争中，都曾立大功。公元 352 年，慕容俊称帝，两年后封慕容垂为吴王。公元 369 年，晋桓温率军攻前燕，受挫后撤退，慕容垂追到襄邑（今河南睢县），大败晋军，从此威名大振。太傅慕容评忌妒排挤慕容垂，密谋杀害他，慕容垂被迫偕妻子投奔苻坚，任冠军将军等职。公元 370 年苻坚灭前燕，公元 383 年淝水之战前秦军大败后，慕容垂联合

鲜卑、乌桓、丁零等各族兵力，建元立国，史称后燕。

公元369年，前燕吴王慕容垂在襄邑追杀桓温军，大获全胜后回到邺城，威名更高，太傅慕容评越发嫉妒他。太后可足浑氏一向厌恶慕容垂，诽谤他的战功，于是太傅慕容评借此暗中策划诛杀慕容垂。有人劝慕容垂抢先动手，慕容垂说："骨肉之间互相残杀，在国家中领头犯乱，我宁可去死，也不会这么做。"慕容垂内心十分忧虑，又没敢告诉儿子们。长子慕容令恭敬地问道："您近来好像面有忧色，是因为主上年幼，太傅妒忌贤能，您功高望重，越来越被猜忌吗?"慕容垂说："是这样的。我竭尽全力，不惜生命打败了强敌，本来是想保全宗族与国家，岂知功业成就以后，反而使得自己无容身之处。你既然了解我的心思，将怎样为我谋划?"慕容令说："主上昏庸而懦弱，将重任交给太傅，一旦灾祸发生，就会猝不及防。如今想要保全宗族与自身，又不失大义，不如逃到龙城，以恭顺的言辞谢罪，等待主上的明察，就像当年周公居东一样。也许主上能够有所感而觉悟，使您得以返还，如能这样，则是大幸。如果主上不这样做，您则可以对内安抚燕、代之地，对外怀柔群夷部族，坚守城池以自我保全，这也是等而次之的办法。"慕容垂说："好!"

十一月，慕容垂请求出去打猎，因此换上便装出了邺城，准备到龙城去。到达邯郸后，小儿子慕容麟因为慕容垂平时不喜欢他，跑回去告发了，慕容垂周围的人大多都逃跑

背叛。太傅慕容评把此事告诉了前燕国主，并派西平公慕容强率领精锐骑兵追赶，到范阳后追到慕容垂。长子慕容令在慕容垂后面掩护，所以慕容强也不敢逼近。

这时正好太阳落山，慕容令对慕容垂说："本来想守住东都龙城以自我保全，如今事情已经泄露，计谋来不及实施了。前秦国主正在广招英杰，不如前去归附他。"慕容垂说："如今来谋划，舍此还能去哪里呢？"长子慕容令向慕容垂进言说："太傅嫉贤妒能，自从谋划杀掉您以来，人们对他尤其愤恨。如今邺城里的民众，没有人知道您的去向，他们想念您就像婴儿想念母亲一样，夷、夏百姓全都心有此情。如果能顺应民心，趁慕容评毫无防备对他进行袭击，擒获他易如反掌。事情成功以后，革除弊害，选拔贤能，大力整顿朝政，用以辅佐主上，安定国家，保全宗族，这是大功大德。如今这样的有利时机，实在不可丧失。只要您调给我骑兵数人，就足以办成此事。"慕容垂说："像你这样的计谋，事情如能成功，确实是大福，如果不成功，后悔怎么来得及？不如向西逃奔，可以万无一失。"慕容垂儿子的马夫暗中谋划要逃回去，慕容垂杀掉了他们开始西行。慕容垂和段夫人、长子慕容令、哥哥的儿子慕容楷、郎中令高弼等人从洛阳逃奔至前秦。

当初，前秦王苻坚听说太宰慕容恪去世，暗中怀有图谋前燕的想法，只是因为惧怕慕容垂的威名，才没敢发兵。等

到听说慕容垂来到后，十分高兴，亲自到郊外迎接，拉着慕容垂的手说："上天降于人世的贤杰，一定会相互携手共同成就大的功业，这是上天的安排。眼下最重要的是与您共同平定天下，在泰山上告慰上天，然后把您的故国归还给您，世代封居幽州，使您离开故国不失掉作为儿子的孝顺，归依朕后也不失掉侍奉君主的忠诚，不也是很好的事情吗？"慕容垂谢罪说："寄居他人之处的臣下，能被免罪就是大幸，世居故国的殊荣，不是我所敢企望的！"苻坚又爱惜慕容垂长子慕容令以及慕容楷的才能，全都给他们以厚重的礼遇，赏赐数万。苻坚任命慕容垂为冠军将军，封为宾徒侯，任命慕容楷为积弩将军。